Rajapatsas

Jani Laasonen

RAJAPATSAS

Kaaos ja Kosmos -kirjasarja:

Osa 1: Kaaos ja Ajan Henki
Osa 2: Kosmos ja Totuuden Tie

Egyptin todelliset pyramidit -kirjasarja:

Osa 1: Egyptin Suuren pyramidin tutkimuksen historia
Osa 2: Egyptin todellisten pyramidien geometria
Osa 3: Rajapatsas

Kustantaja: BoD – Books on Demand, Helsinki, Suomi

Valmistaja: BoD – Books on Demand, Norderstedt, Saksa

ISBN: 978-952-802-041-7

Sisällys

Johdanto

Keväällä 2019 tuli kuluneeksi tasan 10 vuotta siitä, kun tutkimus- ja kirjoitustyöni alkoi. Se alkoi syvän henkilökohtaisen kriisin pakottamana maaliskuussa vuonna 2009. Edeltävän vuoden kuluessa olin joutunut yhteiskunnan oikeusjärjestelmän jyrän alle, mikä oli käynnistänyt sisälläni henkisen käymisprosessin. Henkisen paineen kasvaessa, löysin varaventtiilin kirjoittamisesta. Minua ajoi tarve tehdä tilit selväksi vallalla olevan järjestelmän kanssa. Jos minun asioitani oltiin käsitelty järjestelmän oikeuslaitoksessa, katsoin minä puolestani oikeudekseni käsitellä järjestelmää ja sen oikeutusta kirjoitusteni kautta.

Kevään 2009 kuluessa minulle kävi täysin selväksi, että ihmiskunta oli ajautumassa syvälliseen järjestelmätason kriisiin; että kyse oli paljon kokonaisvaltaisemmasta ja perustavalaatuisemmasta kriisistä, kuin julkisesti oltiin valmiita tunnustamaan. Kyse oli viimekädessä planetaarisen resurssienhallintajärjestelmän kriisistä – toisin sanoen rahan perinpohjaisesta sopimattomuudesta tasapainoisen ja oikeudenmukaisen planetaarisen resurssienhallinnan välineeksi. Ihmiskunta oli ajautumassa umpikujaan, jollaista ei oltu koettu koskaan ennen koko ihmiskunnan historiassa. Ongelman syyt ulottuivat niin syvälle järjestelmän perusrakenteisiin, että niitä oli käytännössä täysin mahdoton korjata. Koko järjestelmä sellaisena kuin me olimme sen oppineet tuntemaan, oli tulossa tiensä päähän. Yhteiskunta – sen tarkoitus ja toiminta – oli mietittävä alusta asti uudestaan. Oli luotava kokonaan uudenlainen yhteiskunta kokonaan uudelle perustalle.

Ensimmäinen kirjani keskittyi kuvailemaan nykyjärjestelmän ongelmia: kuinka nykyjärjestelmään oltiin ajauduttu ja kuinka sen ongelmat ilmenivät. Kirja syntyi blogimuotoon kirjoitettuna pääasiassa vuosien 2009-2011 aikana. Ensimmäisen kirjaversion julkaisin blogissani helmikuussa 2010. Sen jälkeen tein kirjasta lukuisia uusia versioita aina kevääseen 2011 saakka, jolloin Into Kustannus otti minuun yhteyttä ja tarjoutui julkaisemaan kirjastani painetun version. Kieltäydyin aluksi, mutta pienen neuvottelun jälkeen päädyimme molempia osapuolia tyydyttävään sopimukseen. Kun Into Kustannus julkaisi kirjani syksyllä 2011, saatoin viimein heittää hyvästit raha- ja talousasioiden käsittelylle ja siirtyä tutkimuksissani eteenpäin.

Kaikki ajalliset totuudet osoittautuivat katsannossani petollisiksi: niitä vaivasi ainainen ja poispesemätön korruptio, jonka alkuperää en ensin kyennyt täysin ymmärtämään, mutta jonka tunnistin ilmenevän lukemattomissa eri muodoissaan yhteiskunnan kaikilla tasoilla. Kolmen vuosikymmenen ajan olin kasvanut osaksi järjestelmää osaamatta kiinnittää näihin asioihin juuri lainkaan huomiota, kunnes yhtäkkiä se kaikki räjähti yhdellä kertaa tajuntaani. Katsoinpa yhteiskunnassa mihin suuntaan tahansa, näin valhetta, petosta ja korruptiota kaikkialla.

Alussa vaikutti siltä, että kaikki jäljet johtivat rahaan: että raha oli kaiken yhteiskunnallisen epäoikeudenmukaisuuden alku ja juuri. Rahan historiaa tutkiessani havaitsin, että monissa hengellisissä perinteissä rahaa oltiin kritisoitu hyvin voimakkaasti jo vuosituhansia aiemmin, mikä puolestaan herätti kiinnostukseni ajatonta hengenfilosofiaa kohtaan. Muinaiseen viisaustraditioon perehtyminen sai minut vähitellen ymmärtämään, ettei kritiikki kohdistunut yksinomaan vain rahaan, vaan yhteiskunnallisen korruption juurisyyt piilivät paljon syvemmällä ja olivat luonteeltaan pikemminkin tietoteoreettisia. Näin aloin hiljalleen perehtyä muinaisen metafyysisen perusjärjestyksen kuvauksiin.

Jo muinaisessa Egyptissä todellisuus jaettiin johdonmukaisesti kahteen tasoon: ajalliseen ja ajattomaan. Tämä perusjako muodosti perustan kaikelle hengen- ja tieteenfilosofialle. Aistein havaittava arkitodellisuuden taso (kaaos) oli ajalle alisteinen ja ikuisen muutoksen tilassa. Aistein havaitsematon taso (kosmos) puolestaan oli ajaton, muuttumaton ja vain järjellä käsitettävissä. Näistä kahdesta todellisuudentasosta aistein havaittava todellisuudentaso oli yksiselitteisesti alempiarvoisempi. Kaikki aistein havaittava oli ajalle alisteista ja kaikki ajalle alisteinen oli ikuisesti muuttuvaa ja pysymätöntä, mikä teki aistitodellisuudesta metafyysisessä mielessä epäluotettavan ja kestämättömän perustan.

Aistein havaitsematon todellisuudentaso sen sijaan yhdistettiin järkeen ja jumaluuteen (logos), joka vaikutti kaiken taustalla ja jonka ikuista lainsäädäntöä koko maailmankaikkeus noudatti. Logos oli todellisuuden korkeampi ja perustavampi taso: aistein havaitsematon kosminen todellisuudentaso, joka muodosti todellisuuden järkiperäisen, muuttumattoman ja vakaan perustan, mutta joka pysytteli ihmisiltä lähtökohtaisesti piilossa. Nykyajassa logos voidaan mieltää matemaattisluonnontieteelliseksi todellisuudentasoksi, jonka olemusta esimerkiksi kemian tai fysiikan kaavat ilmentävät.

Kun Egyptin valtakunta viimein romahti, kukoistettuaan sitä ennen yhtäjaksoisesti noin 3 000 vuotta, siirtyi egyptiläisen papiston vaalima metafyysisen perusjärjestyksen ymmärrys antiikin filosofeille. Kun antiikin filosofit joutuivat vuorostaan ahtaalle Euroopassa, siirtyi traditio arabimaailmaan, josta se palasi takaisin Eurooppaan 1 000 luvulla. Euroopassa antiikin filosofian tutkimus johti lopulta renessanssiin, joka huipentui 1600-luvulla tieteellisen menetelmän käyttöönottoon ja ensimmäisten matemaattisten luonnonlakien löytämiseen. Näin ihmiskunta pääsi vihdoin kosketuksiin todellisuuden ajattoman tason kanssa. Tästä hetkestä alkoi tieteen ja teknologian kehitys, jolle ei löydy vertaa koko ihmiskunnan historiasta. Mutta jos katsomme ajassa taaksepäin ja pohdiskelemme tämän kehityksen alkusyitä, johtavat jäljet lopulta aina muinaiseen Egyptiin. Nimenomaan Egyptistä antiikin filosofit perivät ymmärryksensä todellisuuden metafyysisestä perusjärjestyksestä – kahdesta todellisuuden tasosta: ajallisesta ja ajattomasta, joista ajaton todellisuudentaso kätki sisäänsä lupauksen matemaattisten luonnonlakien olemassaolosta. Tämän lupauksen Galilei ja Newton 1600-luvulla vihdoin lunastivat.

Tieteen ja teknologian evoluution ansiosta arkielämämme on helpottunut viimeisten vuosisatojen ja vuosikymmenten kuluessa huomattavasti, mutta samaan aikaan suhteemme ympäröivään luontoon on ajanut meidät ekokatastrofin partaalle. Kuinka näin on päässyt käymään? Tieteen ja teknologianhan piti olla taivaan lahja, jonka tuli nostaa ihminen lopullisesti pois kaaoksen pimeydestä. Miksi näin ei käynytkään?

Muinaisessa hengenfilosofiassa painotetaan toistuvasti kaaoksen ja kosmoksen erottelun tärkeyttä. Kaiken keskiössä on syntytieto. On tunnettava asioiden ja ilmiöiden synty: ovatko ne ajallista vai ajatonta alkuperää. Ajaton ja ajallinen täytyy näet erottaa toisistaan ja pitää toisistaan erillään.

Nykyihminen on kadottanut ymmärryksen näiden käsitteiden syvällisempään merkitykseen, mistä syystä ajallinen ja ajaton ovat nykymaailmassa täydellisesti toisiinsa sekoittuneet. Yhteiskunta on korkeasti tieteellistynyt ja teknistynyt, mutta

9

samaan aikaan vallalla ovat muun muassa myös rahan ja markkinatalouden kaltaiset mekanismit, jotka ovat puhtaasti ajallisia käsitteitä.

Ihmiskunta ei voi kytkeytyä tasapainoiseksi osaksi luonnon korkeampaa järjestystä niin kauan, kun ajallinen ja ajaton ovat toisiinsa sekoittuneet. Niinpä kosmos tulee erottaa kaaoksesta. Ajaton yhteiskunta voidaan perustaa vain puhtaasti ajattomalle perustalle.

Tässä oli hyvin suppeasti ja suoraviivaisesti tiivistettynä viimeisen kymmenen vuoden aikana kulkemani opintie ja sen varrella syntyneet oivallukset. Mutta tarinalla on myös sivujuonteensa, joka johdattelee meidät Kalevalan laulumaiden kautta muinaiseen Egyptiin ja todellisten pyramidien tutkimuksen pariin. Keväällä 2012 tutkimukseni sai näet yllättäen uuden käänteen niin sanotun Rajapatsaan ilmestymisen myötä.

Rajapatsas on maailmankartalle muodostuva matemaattisgeometrinen ilmestys, jonka geometrinen muoto, matemaattiset mittasuhteet sekä sijainti samalla pituuspiirillä Egyptin todellisten pyramidien kanssa johdattelivat minut todellisten pyramidien tutkimuksen pariin, joiden myös havaitsin ilmentävän samaa matematiikkaa ja geometriaa kuin Rajapatsaskin. Näin Kaaos ja Kosmos -kirjasarja sai rinnalleen Egyptin todelliset pyramidit -kirjasarjan.

Pintapuolisesti tarkasteltuna nämä kaksi kirjasarjaa vaikuttavat käsittelevän keskenään täysin eri aihealueita, mutta kaikesta huolimatta koen niiden kuuluvan kiinteästi yhteen ja tukevan toinen toistaan, sillä ne ovat syntyneet saman totuudenetsintäprosessin seurauksena. Tämän vuoksi kaikki kirjojen kappaleet on sidottu toisiinsa juoksevalla kappalenumeroinnilla siten, että teossarja muodostaa yhden yhtenäisen kokonaisuuden.

Reilun vuosikymmenen kestänyt tutkimus- ja kirjoitusprosessini päättyy nyt tähän teokseen. Käsillä olevassa kirjasarjan viimeisessä osassa esittelen Rajapatsaan geometrisen rakenteen ja sen keskeisimmät koordinaattipisteet. Kokonaisuutena tämä viisiosainen kirjasarja toimii oman totuudenetsintäprosessini eräänlaisena yhteenvetona ja dokumentaationa. Lukemattomien harhapolkujen läpikoluaminen on ollut väistämätön osa prosessia, jonka merkkejä on varmasti yhä löydettävissä kirjasarjan sivuilta. Kirjasarja on kaikkea muuta kuin virheetön ja täydellinen. Siitä huolimatta uskon, etteivät edes kaikki matkan aikana tekemäni harhailut kykene himmentämään sen ydinsanomaa, joka viimekädessä on varsin yksinkertainen ja kiteytyy ihmiskunnan ikiaikaisen metafyysisen perusjärjestyksen uudelleenoivaltamiseen ja käytäntöön soveltamiseen. En siis koe kehittäneeni kirjoitusprosessin aikana paljonkaan mitään aidosti uutta. Pikemminkin koen löytäneeni ja toivon mukaan kirkastaneeni jotain kauan sitten kadotettua ja unohdettua. Viimekädessä kaikki kiteytyy kaaoksen ja kosmoksen (symbolikuvastossa maan ja ilman) erottelun tärkeyteen, mitä myös tässä kirjassa esitelty maailmanpatsas symboloi ja edustaa.

99. Rajapatsaan ilmestyminen

Rajapatsaan ilmestymistä edeltävinä kuukausina olin alkanut tuntea voimakasta vetoa paitsi ajatonta hengenfilosofiaa, myös muinaisia mytologioita kohtaan. Huomioni kiinnittyi muun muassa toisistaan hyvin etäällä eläneiden muinaiskulttuureiden hämmästyttävän samankaltaiseen muinaisrunouteen, jossa kerta toisensa jälkeen toistuivat samat teemat ja sama symbolikuvasto (monomyytti) siitäkin huolimatta, vaikkei näiden kulttuureiden välillä voinut tuhansiin vuosiin olla minkäänlaista vuorovaikutusta keskenään. Huolimatta pitkistä maantieteellisistä etäisyyksistä sekä lähes ylitsepääsemättömistä kieli- ja kulttuurirajoista, kaikissa niissä esiintyivät täsmälleen samat mytologiset teemat ja symbolit, joita nämä alkuperäiskansat pitivät ilmeisen tärkeinä ja joita he siksi myös siirsivät suullisena perintönä sukupolvelta toiselle. Tämä mysteeri oli vailla kunnollista selitystä ja koin sen erittäin kiinnostavaksi.

Eräs eteeni sattunut englanninkielinen tutkimus *Hamlet's Mill: An Essay Investigating the Origins of Human Knowledge and Its Transmission Through Myth* keskittyi käsittelemään muinaista universaalia maailmanpatsasmyyttikuvastoa. Tutkimusta selaillessani huomasin, kuinka kalevalaista kansanrunoutta pidettiin teoksessa eräänlaisena tyyppiesimerkkinä kielellisesti ja maantieteellisesti syrjäisestä kulttuurista, joka eristäytyneisyydestään huolimatta ilmensi valtavan rikasta ja hienostunutta universaalia maailmanpatsasmyyttikuvastoa. Näin heräsi kiinnostukseni kalevalaista kansanrunoutta kohtaan. Tuntui mahtavalta, että saatoin löytää näin kiinnostavaan ja universaaliin aihealueeseen sellaisen täysin henkilökohtaisen tulokulman, jonka ainoastaan oma äidinkieli saattoi tutkijalle antaa.

Toukokuun 20. päivän iltana vuonna 2012 pohdiskelin professori E. N. Setälän kirjasta Sammon arvoitus aiemmin lukemiani pohdintoja kalevalaisen sampomyytin yhteydestä Tiibetin buddhalaisuuteen ja muinaiseen Egyptiin. Olin jo ennestään tietoinen egyptiläisen ja kalevalaisen muinaisrunouden tarinankerronnallisista yhtäläisyyksistä, mutta Tiibet-yhteydestä en ollut aiemmin kuullut. Tiesin toki Tiibetin kuuluvan osaksi Kiinaa, mutta missä sen hengellinen keskus Potala tarkalleen ottaen sijaitsi? Tästä en ollut aivan varma. Niinpä päätin avata Googlen karttasovelluksen ja tarkistaa asian. Löydettyäni Tiibetin ja sieltä Potalan palatsin, päätin jostain syystä mitata Potalan etäisyyden Gizan Suureen pyramidiin. Matkaa oli noin 5 727 272 metriä. (Myöhemmin huomasin luvun 57,27272… vastaavan Suuren pyramidin mittasuhteiden pohjalta laskettua radiaania: (360/(1760/280) = 57,27272…).

Kun sitten vedin yhtä pitkän janan Potalasta kohti Suomea, havaitsin mittajanan pään yltävän juuri ja juuri Suomen itäisimpiin osiin. Päätin seurata mittatikun piirtämää ympyrän kehää ja katsoa osuisiko matkan varrelle jotain kiinnostavaa. Etsintäni pysähtyi Kainuussa Nurmesjärven rannalla sijaitsevaan kylään nimeltä Kantele, jossa mittajana johdatti minut erään niemen ja kahden saaren väliselle vesialueelle. Niemi oli nimeltään Jauhoniemi ja ilmasta käsin tarkasteltuna sen symmetrinen muoto muistutti läheisesti kantelesoittimen muotoa.

Niemeä ympäröivien saarten nimet: Iso Karhusaari ja Pieni Karhusaari toivat mieleeni pohjoisen tähtitaivaan kaksi samannimistä tähdistöä; Iso karhu (Ursa Major) ja Pieni karhu (Ursa Minor). Nämä tähdistöt kätkevät sisäänsä muun muassa Otavan ja Pohjantähden, joihin viitataan toistuvasti kalevalaisessa runoudessa. Myös saarten ulkomuoto tuki nimistöä. Ilmakuva Karhusaarista toi mieleeni puolimakuulla olevan pentukarhun (Pieni Karhusaari) ja pennulleen kuono auki urisevan emokarhun pään (Iso Karhusaari).

Nämä ja monet muut pienet yksityiskohdat tekivät tästä paikasta minulle merkityksellisen. Löysin paikan sattumalta, mutta siitä tuli oitis mielenmaisemani sille Kalevalassa kuvatulle paikalle, jossa Väinämöinen veisteli kanneltaan: "*nenässä utuisen niemen, päässä saaren terhenisen*".

Kuvassa vasemmalle kanteleen muotoa muistuttava Jauhoniemi sekä läheiset saaret:

Iso Karhusaari (ylhäällä) ja Pieni Karhusaari (alhaalla oikealla). Karhusaaret ja

Jauhoniemen kärki osoittavat kohti samaa pistettä (Kantele), joka on merkitty

karttaan keltaisella nastalla. Kuvakaappaus: Google Earth.

Kun sitten seuraavana päivänä tutkin Kanteleen ympäristöä tarkemmin, löysin koillisesta noin 161,803 kilometrin päästä kylän nimeltä Kalevala (entinen Uhtua). Vielä tuolloin minulla ei ollut mitään käsitystä siitä, mistä päin Karjalaa Kalevalan runot oltiin kerätty, mutta myöhemmin opin, että Kanteleen ja Kalevalan välille piirretty jana kulki halki monien keskeisimpien kalevalaisten runokylien. Aluksi huomioni kiinnittyi kuitenkin vain Kanteleen ja Kalevalan välille piirretyn janan pituuteen, joka oli ilmaistavissa kultaisen suhdeluvun kautta muodossa: φ x 100 000 metriä eli 161 803 metriä.

Tunsin kultaisen suhdeluvun jo entuudestaan ja olin siinä määrin tietoinen myös Egyptin Suuren pyramidin geometriasta, että näin heti Kanteleen ja Kalevalan välisen janan olevan täsmälleen oikean mittainen ja oikean suuntainen muodostaakseen kartalle Suuren pyramidin sivupoikkileikkauksen hypotenuusan. Poikkileikkauksen kannan keskikohta olisi Kanteleesta tasan 100 kilometriä itään ja Kalevalasta 127,202 kilometriä etelään, jonka sijainnin päätin käydä välittömästi tarkistamassa. Kyseiseltä paikalta löysin erämaajärven, jonka niemen kärki oli jokseenkin kolmion muotoinen ja jonka kärki määritti täsmällisesti sivupoikkileikkauksen keskikohdan. Järven mittasuhteet noudattivat kultaista leikkausta paitsi suhdelukuina, myös konkreettisina metrimittoina. Pisin yhtenäinen jana, jonka kykenin järven pintaa pitkin piirtämään, oli hyvin tarkasti φ x 10 000 eli 6 180,34 metriä pitkä (kuvassa punaisella).

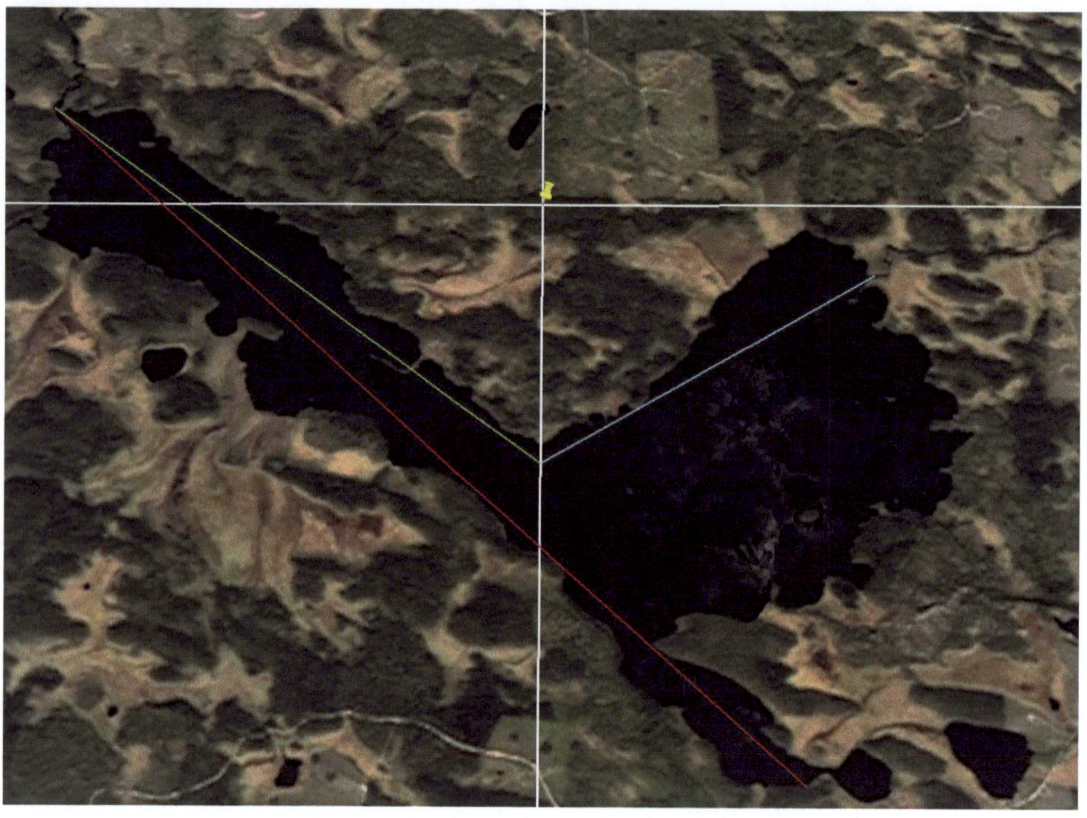

Kuvassa koordinaatiston nollakohdan eli Origon määrittävä erämaajärvi (Juntulanjärvi). Piste Origo on merkitty karttaan keltaisella nastalla. Järven pohjoinen rantaviiva muodostaa niemen kärjen, joka yhdessä Kalevalan koordinaattipisteen kanssa määrittää keskuskuvion pohjoiseteläsuuntaisen pystyakselin. Järven mittasuhteet noudattavat kultaisen leikkauksen mittasuhteita suoraan metreissä. Kuvassa esiintyvän punaisen janan pituus on φ x 10 000 metriä eli 6 180,3 metriä. Vihreä jana on pituudeltaan 3 819,6 metriä, mikä on kultainen leikkaus punaisesta janasta (6 180,339 x φ = 3 819,66). Turkoosi jana taas on 2 360,67 metriä pitkä, mikä puolestaan on kultainen leikkaus vihreästä janasta (3 819,66 x φ = 2 360,67). Vihreän ja turkoosin janan yhteenlaskettu pituus on sama

kuin punaisen janan pituus eli 6 180,3 metriä. Mittauspisteinä niin idässä kuin lännessäkin toimivat erämaajärveen laskevien jokien suut.

Kun Kalevalasta tuleva jana vedetään suoraan kohti tämän erämaajärven niemen kärkeä, asettuu pyramidin poikkileikkaus täydellisesti pääilmansuuntien mukaan. Sivusuunnassa tämä piste, josta sittemmin tuli koordinaatiston nollapiste (siitä nimi: Origo), sijaitsee tasan 1 x 100 000 metriä itään Kanteleesta. Piste Kalevala puolestaan sijaitsee tasan $\sqrt{\varphi}$ x 100 000 metriä Origosta pohjoiseen. Tämä Vienan Karjalaan muodostuva Suuren pyramidin poikkileikkaus sijaitsee keskellä Kalevalan laulumaita. Sen lisäksi että se on Suuren pyramidin poikkileikkauksen muotoinen, sen keskikohta sijaitsee samalla pituuspiirillä Egyptin todellisten pyramidien muodostaman Suuren pohjapiirroksen kanssa. Kaikki tämä avautui eteeni aivan yllättäen ja ikään kuin sattumalta, mutta samaan aikaan kaikki oli aivan liian täydellistä ollakseen vain silkkaa sattumaa.

Hetken ajan luulin, että tässä oli jo kaikki, mutta sitten huomasin, että mikäli Kantele – Kalevala janaa jatkettiin vielä noin 130 kilometriä koilliseen, saavuttiin Louhi nimisen paikkakunnan pohjoispuolelle. Taas yksi vahvasti Kalevala-henkinen paikannimi! Aluksi havainto tuntui istuvan kokonaisuuteen huonosti, mutta kun aloin sitten symmetrian periaatteita noudattaen määrittää Louhelle vastinparia Kuusamosta, löysin paikalta paljon Suola-alkuisia paikannimiä, kuten Suolavaara, Suolalampi ja Suolapuro. Kanteleen ympäristössä olin törmännyt vastaavasti Jauho-alkuisiin paikannimiin: Jauhovaara, Jauholampi, Jauhosuo, Jauhoniemi, Jauholahti, ja niin edelleen. Tällöin mieleeni tuli Kalevalan kymmenes runo, jossa kuvailtiin kalevalaisen sammon tunnuspiirteitä:

> "laitahan on jauhomyllyn,
> toisehen on suolamyllyn,
> rahamyllyn kolmantehen."

Tätä omituista, mutta sisäisesti johdonmukaista logiikkaa seuraillen aloin etsiä sopivaa Raha-alkuisten paikannimien keskittymää lähistöltä. Ja löytyihän sellainen – täsmälleen edellä mainittujen Jauho- ja Suola-alkuisten paikannimien puolivälistä, mutta noin 80 kilometriä oletettua lännempää. Paikalta löytyi muun muassa

Rahalampi, Rahasuo ja Rahasaaret. Tämä Raha-alkuisten paikannimien keskittymä sijaitsi hyvin tarkasti √3 x 100 km eli noin 173,2 kilometrin etäisyydellä Kalevalasta länteen ja √2 x 100 km eli noin 141,4 kilometrin etäisyydellä Suola- ja Jauho-alkuisten paikannimien keskittymistä lounaaseen ja luoteeseen. (Koordinaatit: 65.131362°, 27.492358°). Näin olin saanut ensimmäisen kerran karkean käsityksen keskuskuvion muodosta: Pelkän pyramidin poikkileikkauksen sijaan Kalevalan ympärille alkoikin muodostua kuusikulmio eli kuusikanta. Tarkat mittasuhteet olivat kuitenkin vielä hakusessa, sillä janojen pituudet √2 x 100 km ja √3 x 100 km eivät istuneet optimaalisesti yhteen kuvion muiden pisteiden kanssa. Täsmällinen koordinaattipiste tuli löytää jollain muulla tavoin.

Tähän mennessä keskeisimmät määrittävät koordinaattipisteet olivat olleet vahvasti Kalevala-henkisiä: Kantele, Kalevala ja Louhi. Niinpä aloitin Kalevalaisten paikannimien etsinnän Raha-alkuisten paikannimien ympäristöstä. Varsin pian silmiini osui eräs etäisesti Kalevalaan viittaava kylännimi: Joukokylä. Lähemmäs tarkennettuani vierestä paljastui koko joukko vahvasti Kalevala-henkisiä kylännimiä – vieläpä valmiiksi jonomuodostelmassa ikään kuin suuntaa osoittamassa. Kylien nimet olivat: Väinölä, Pohjola ja Veijola. Näiden kylien kautta vedetty jana osoitti suoraan kohti kuvion keskustaa eli Kalevalaa. Kun jana vieläpä asettui varsin luontevasti φ x 100 km eli 161,803 kilometriä pitkäksi saatoin olla luottavainen sen suhteen, että viimeinen määrittävä koordinaattipiste oli löytynyt. Se sai nimen Väinölä. Rajapatsaan rungon muodostava keskuskuvio oli nyt valmis. Sen muoto oli kuusikulmio ja se rajasi sisäänsä käytännössä kaikki merkittävimmät kalevalaiset runokylät.

Vasta vuosia myöhemmin oivalsin, että näin muodostetun keskuskuvion geometria oli johdettavissa myös suoraan Suuren pyramidin mittasuhteista: sivupoikkileikkauksen suhdeluvuista 1, √φ ja φ sekä Suuren pyramidin korkeuden ja pohjaneliön pituuden metrimitoista johdetuista luvuista: 1,465 ja 2,303. Palaamme aiheeseen tarkemmin seuraavassa kappaleessa.

Kolme kalevalahenkistä paikannimeä (Väinölä, Pohjola ja Veijola). Kohteiden kautta piirretty jana osoittaa suoraan kohti kuvion keskustaa: Kalevalaa.

Tällä tavalla tutkimukseni alkoi ja tällä tavalla se myös eteni omaa sisäisesti johdonmukaista logiikkaansa noudattaen aina siihen saakka, kunnes patsas löysi alkuperäisen muotonsa syksyllä 2012. Käytän sanaa "alkuperäinen" sillä koen vahvasti, että Rajapatsas oli olemassa jo ennen kuin löysin sen. Minä en suunnitellut sitä. Patsas vain sattui ilmestymään minulle, jonka jälkeen tehtäväkseni jäi piirtää sen ääriviivat näkyviin.

Nimi Rajapatsas viittaa rajaseutuun. Ajallisesta perspektiivistä käsin voimme todeta patsaan sijaitsevan paitsi Venäjän ja Suomen rajalla, myös itäisen ja läntisen kulttuurin rajalla, mutta ennen kaikkea Rajapatsaan nimi viittaa sen ilmestymisen ajankohtaan: symboliseen saapumiseemme maan ja ilman rajalle.

Olemme aikakausien risteyskohdassa. Takanamme on pitkä pimeä kaaosperustainen maailmanaika ja edessämme valoisa kosmosperustainen tulevaisuus, mutta päästäksemme rajan yli, tulee meidän ensin erottaa kosmos kaaoksesta. Katsannossani Rajapatsas on maailmanpatsas, joka muistuttaa meitä siitä, kuinka välttämätöntä ajallisen ja ajattoman erottaminen toisistaan on, mikäli mielimme nousta pysyvästi yhteiskuntaevoluution seuraavalle tasolle.

Pylvään runko on obeliskin muotoinen. Sen lounaiskulma koskettaa täpärästi Suomenlahtea ja sen geometrisen lakikiven kärkipiste määrittää melko tarkasti 70:n leveyspiirin Jäämerellä. Obeliskin ohella kuusikulmiosta voidaan johtaa myös kahdeksansakaraisen tähden muoto ja tähden paikkahan on aina taivaalla. Google Earthissa on ominaisuus, joka yhdellä napin painalluksella sijoittaa maapallon karttapohjalle piirretyn kuvion sitä vastaavalle paikalle tähtikartalla. Tähti löytää paikkansa Ison- ja Pienen karhun tähdistöjen välistä. Paikalla on patsaan rungon kokoinen tyhjä tila, jonka läpi kulkee vain Lohikäärmeen tähtikuvio. Lohikäärmeen Thuban – tähti, johon Suuren pyramidin laskevan käytävän katsotaan osoittaneen noin 5 000 vuotta sitten Thubanin ollessa napatähtenä – sijoittuu tähtikartalla nyt Rajapatsaan keskuskuvion sisälle Suuren pyramidin sivupoikkileikkauksen keskelle. Kuusikulmiosta on muodostettavissa myös suuri taivaallinen miekka, jonka voi katsoa lävistävän Lohikäärmeen tähtikuvion.

Pari vuotta Rajapatsaan ilmestymisen jälkeen opettelin GeoGebra-ohjelmiston käyttöä sen verran, että sain mallinnettua Rajapatsaan koordinaatistoon. Vasta tuolloin tulin kunnolla tietoiseksi patsaan sisäänsä kätkemästä matematiikasta. Huomasin Rajapatsaan muun muassa ilmentävän tiettyjä matemaattisia suhdelukuja (esimerkiksi lukuja: $\sqrt{3}$, $\sqrt{5}$ ja φ^2) hämmästyttävän suurella tarkkuudella. Jälleen kului vuosia, kunnes tammikuussa 2018 törmäsin erästä kirjaa lukiessani mainintaan Gizan pyramidialueen pohjapiirroksesta ja sen ilmentämistä matemaattisista suhdeluvuista $\sqrt{2}$, $\sqrt{3}$ ja $\sqrt{5}$. Nämä samat suhdeluvut liittyivät läheisesti myös Rajapatsaan ilmestymiseen ja sen sisältämään geometriaan. Näin ajauduin tutkimaan pyramidien pohjapiirroksia Google Earthin avulla. Pian ymmärsin löytäneeni yhteyden Rajapatsaan ja todellisten pyramidien geometrian väliltä ja aloin valmistella aihetta käsittelevää tutkimusta.

Pelkän Rajapatsaan julkaiseminen yksin ilman yhteyttä mihinkään konkreettiseen mitattavissa olevaan ilmiöön oli vuosien varrella tuntunut ajatuksena hankalalta. Mutta kun sitten löysin todellisten pyramidien muodostamat pohjapiirrokset ja etenkin Suuren pohjapiirroksen; kun oivalsin pohjapiirrosten ja todellisten pyramidien geometrian ilmentävän samoja matemaattisia suhdelukuja ja samaa matemaattisgeometrista suunnitelmaa Rajapatsaan kanssa ja kun patsaan geometriasta johdettu tähti vieläpä osoitti suoraan kohti Suurta pohjapiirrosta – ymmärsin patsaan ja pohjapiirrosten kuuluvan kiinteästi yhteen. Rajapatsas ja Suuri pohjapiirros ovat katsannossani osa yhtä ja samaa ilmestystä. Niinpä päätin kirjoittaa Egyptin todellisia pyramideja käsittelevän kolmiosaisen kirjasarjan ja liittää Rajapatsaasta kertovan tutkielman sarjan viimeiseksi osaksi – saihan koko kirjasarja alkunsa juuri Rajapatsaan ilmestymisestä. Samalla tein päätöksen soveltaa ensimmäisessä kirjasarjassa aloittamaani käytäntöä juoksevasta kappalenumeroinnista myös toiseen kirjasarjaan siten, että koko kymmenvuotinen kirjoitusprojektini muodosti yhden kokonaisuuden: viisi kirjaa ja yli sata numeroitua kappaletta.

100. Rajapatsas koordinaatistossa

Edellä esitin kuinka Rajapatsaan keskuskuvio ilmestyi maailmankartalle jokseenkin erikoislaatuista, mutta sisäisesti eheää ja johdonmukaista logiikkaa noudattaen. Vasta paljon myöhemmin opin, että keskuskuvion geometria voidaan johtaa myös matemaattisesti käyttämällä lähtöarvoina ainoastaan Suuren pyramidin sivupoikkileikkauksesta johdettuja suhdelukuja 1, $\sqrt{\varphi}$ ja φ sekä Suuren pyramidin keskeisimmistä metrimitoista (pohjaneliön leveys 230,3 m, korkeus 146,5 m) johdettua pituuksia: 2,303 ja 1,465.

Puhdas matemaattisgeometrinen tarkastelu avaa Rajapatsaan tutkimukseen kokonaan uuden tason, jolloin voimme unohtaa maantieteen keskittyä yksinomaan matematiikkaan ja geometriaan. Ilokseni huomasin myös, että Rajapatsaan kaikki keskeisimmät mittasuhteet voidaan ilmaista kaavojen kielellä, jolloin niiden olemus muistuttaa läheisesti matemaattisista luonnonlaeista tuttuja yhtälöitä. Tämä on varsin sopivaa: onhan maailmanpatsas nimenomaan ylistys juuri logosta ja matemaattisia luonnontieteitä kohtaan. Tässä kappaleessa johdamme Rajapatsaan geometrian puhtaasti edellä mainittuja matemaattisia suhdelukuja käyttäen. Koordinaatiston yksikkö 1 vastaa kartalla sataa kilometriä eli sataatuhatta metriä.

Asetamme koordinaatiston nollakohdaksi (0, 0) pyramidin sivupoikkileikkauksen kannan keskikohdan ja nimeämme sen Origoksi. Näin Kanteleen sijainti asettuu koordinaatiston kohtaan (-1, 0) ja Kalevalan sijainti kohtaan (0, $\sqrt{\varphi}$) eli (0, 1.272). Kuvion keskelle muodostuu näin suorakulmainen kolmio, jonka kateettien pituudet ovat 1 ja $\sqrt{\varphi}$ (1,272) ja hypotenuusan pituus φ (1,618).

Suuren pyramidin leveys ja korkeus metreissä ilmaistuna ovat noin 230,3 ja 146,5 metriä. Rajapatsaan geometriasta löytyvät samat likiarvot, mutta kilometreissä. Ensin jaamme luvut kuitenkin sadalla, jotta saamme tuotua ne koordinaatistoon.

230,3 / 100 = 2,303
146,5 / 100 = 1,465

Rajapatsaan johtamiseen käytetyt alkuarvot:

Suuren pyramidin geometriasta johdetut suhdeluvut: 1, √φ ja φ.

Suuren pyramidin korkeus ja leveys metreissä jaettuna sadalla: 1,465 ja 2,303.

Nyt kaikki on valmista Rajapatsaan keskuskuvion ja edelleen koko Rajapatsaan
rungon geometrian johtamiseksi. Seuraavilla sivuilla osoitan viiden vaiheen kautta,
kuinka Rajapatsaan keskuskuvio ja obeliskin runko johdetaan suoraan Suuren
pyramidin matemaattisista suhdeluvuista ja sen metrimitoista.

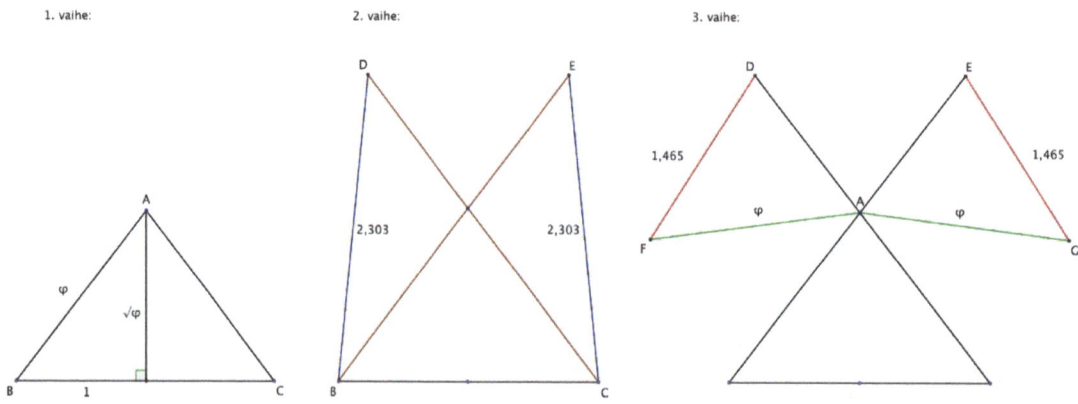

Vaiheet 1-3 vasemmalta oikealle: **Vaihe 1:** *Rajapatsaan geometrian lähtökohtana on
Suuren pyramidin sivupoikkileikkaus ja sen sisältämä suorakulmainen kolmio, jonka
leveyskateetin pituus on 1, korkeus √φ (1,272...) ja hypotenuusa φ (1,618...).
Nimeämme huipun kirjaimella A ja alakulmat kirjaimilla B ja C.* **Vaihe 2:** *Jatkamme
keskuskolmion hypotenuusien piirtämistä lakipisteen ohi (kuvassa ruskealla) niin
kauan, kunnes janat kohtaavat keskuskolmion kulmista B ja C nousevien 2,303
mittaisten janojen päätepisteet (kuvassa sinisellä). Nimeämme risteyskohdat pisteiksi
D ja E.* **Vaihe 3:** *Piirrämme pisteistä D ja E 1,465 pituiset loivasti alaspäin ulkonevat
janat (kuvassa punaisella) siten, että janojen päätepisteet kohtaavat kolmion
huippupisteestä A piirrettyjen φ-mittaisten (1,618...) janojen päät (kuvassa vihreällä).
Nimeämme janojen risteyskohdat pisteiksi F ja G. Näin keskuskolmion huipun
molemmille puolille muodostuvat kolmion muotoiset siivekkeet, joiden avulla voimme
johtaa Rajapatsaan kaikki loput mittasuhteet. Nyt Rajapatsaan keskuskuvion muoto on
valmis, joskaan ei vielä aivan täsmällinen.*

24

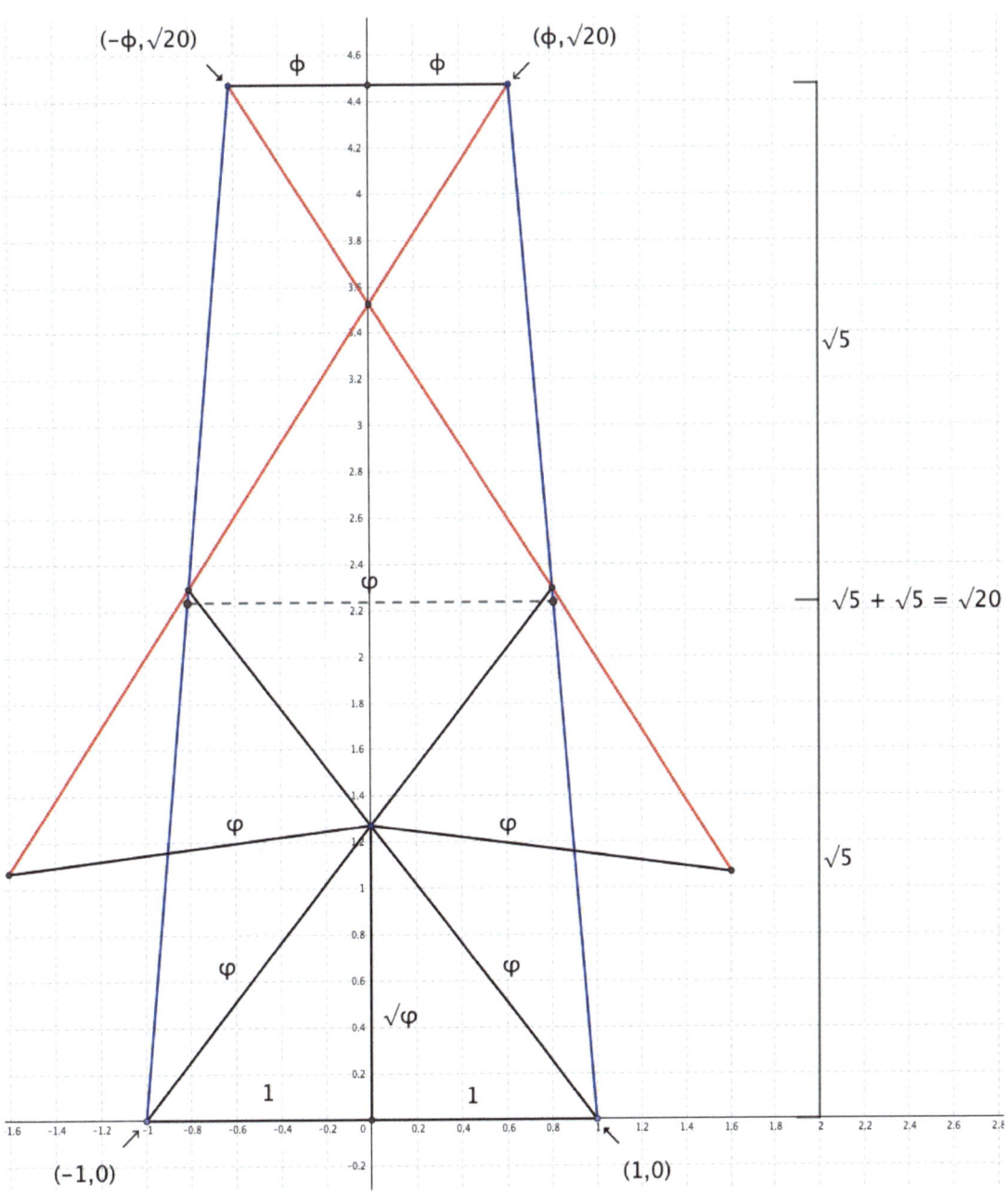

Vaihe 4: *Kasvatamme punaisten ja sinisten janojen pituuksia ylöspäin niin kauan, kunnes ne kohtaavat toisensa. Kohtaaminen tapahtuu hyvin lähellä koordinaatiston pisteitä: (-φ, √20) ja (φ, √20). Asetamme koordinaatiston pisteet täsmällisesti kohtiin (-φ, √20) ja (φ, √20), jolloin janojen 2,303 ja 1,465 pituudet täsmentyvät likiarvoiksi: 2,3030864... ja 1,4650944... Nyt keskuskuvio on saanut lopullisen täsmällisen muotonsa. Patsaan rungon x-akselin yläpuolisen osan korkeudeksi varmistuu näin √5 + √5 = √20. Patsaan puolivälissä eli y-akselin korkeudella √5 pylvään leveys on tasan φ eli 1,6180339887....*

25

Seuraavaksi määritämme Rajapatsaan rungon x-akselin alapuolisen osan samalla tavoin.

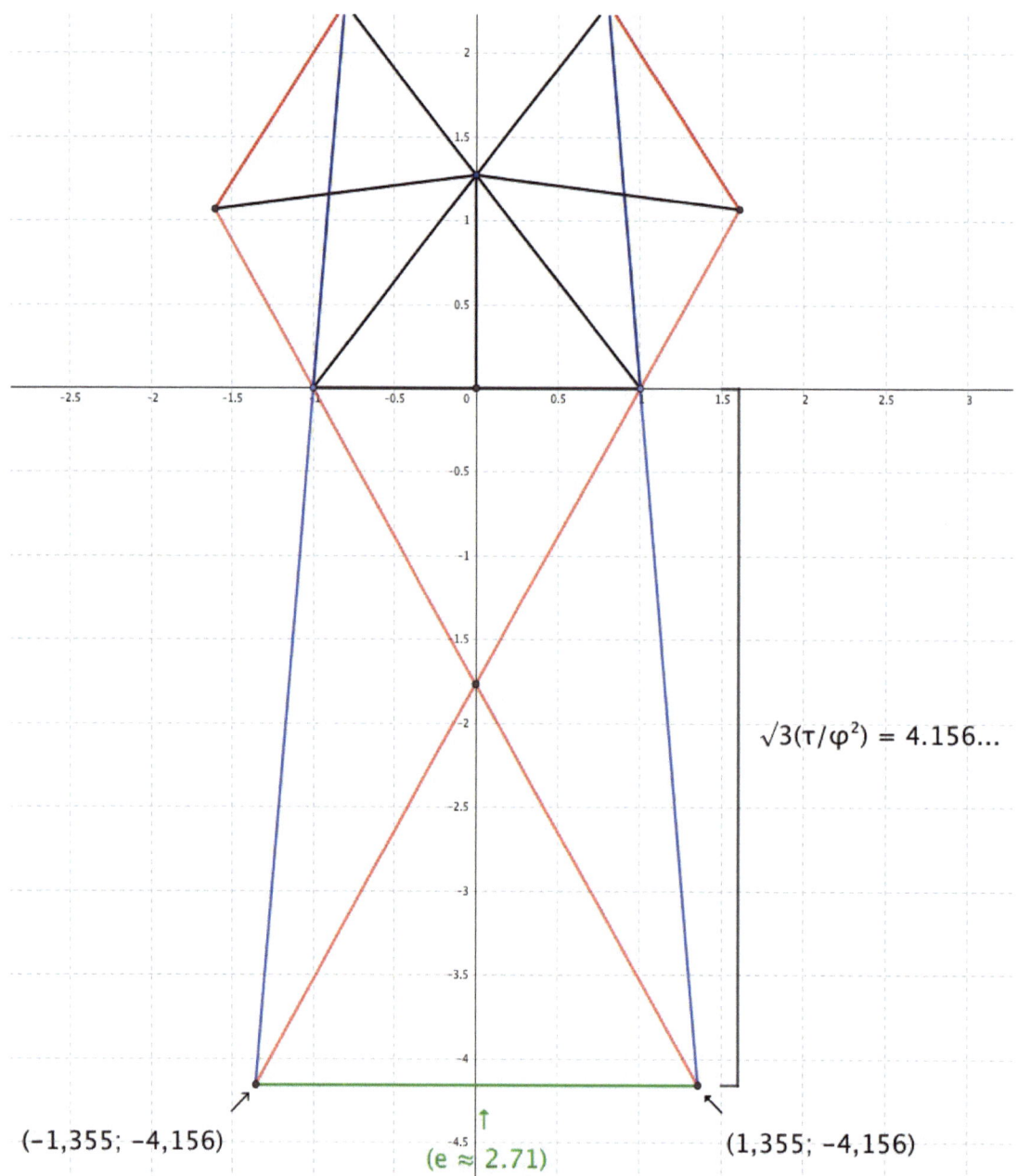

$$\sqrt{3}(\tau/\varphi^2) = 4.156...$$

(−1,355; −4,156)

(e ≈ 2.71)

(1,355; −4,156)

Vaihe 5: *Piirrämme esiin myös patsaan x-akselin alapuolisen osan. Patsaan alaosan*

korkeus 4,156 voidaan ilmoittaa noin 99,996% tarkkuudella kaavalla: $\sqrt{3} \times \dfrac{\tau}{\varphi^2}$

Patsaan perustan leveys 2,71 (kuvassa vihreällä) vastaa luonnollisen

logaritmi-funktion kantaluvun (neperin luku) likiarvoa (2,71828...) noin 99,7%

tarkkuudella. Neperin luku, samoin kuin kultainen suhdeluku, on luonnossa usein

ilmenevä matemaattinen vakio, joka voidaan löytää monien kiihtyvää kasvua

ilmentävien luonnonilmiöiden taustalta.

Näin olemme saaneet valmiiksi Rajapatsaan rungon. Rajapatsaan x-akselin alapuolisen osan korkeus on noin $\sqrt{3}$ x $\frac{\tau}{\varphi^2}$ ja yläpuolisen osan korkeus $\sqrt{20}$. Rungon korkeus kokonaisuudessaan on siis $\sqrt{3}$ x $\frac{\tau}{\varphi^2}$ + $\sqrt{20}$ eli noin 8,628.

Patsaan perustan leveys ilmentää siis neperin luvun likiarvoa e = 2,71, josta patsas alkaa tasaisesti kaventua huippua kohden kuten obeliskeilla on tapana. Patsaan leveys x-akselin kohdalla on tasan 2. Rungon x-akselin yläpuolisen osan puolessavälissä eli korkeudella y = $\sqrt{5}$ (2,236), obeliskin rungon leveys on tasan φ (1,618) ja obeliskin rungon huippukohdassa eli korkeudessa $\sqrt{20}$ (4,472) rungon leveys on 2ϕ (1,236). Suhde: $\sqrt{20}$ / 2ϕ = $\sqrt{5}\varphi$. Pisteiden (-ϕ, $\sqrt{20}$) ja (ϕ, $\sqrt{20}$) väliin syntyy näin ylätasanne, johon mahtuu juuri sopivasti Suuren pyramidin sivupoikkileikkaus, kun yksikkösivuna on hypotenuusa. Tällöin lakikiven korkeus on $\sqrt{\phi}$, leveyskateetti ϕ ja hypotenuusa 1. Tämä huippupiste ei ole geometrisesti johdettavissa keskuskuviosta, toisin kuin kohta esiteltävät kaksi muuta huippupistettä, mutta se on matemaattisessa mielessä erittäin kaunis lakikivi obeliskille, jonka geometrian perustana toimii Suuren pyramidin sivupoikkileikkaus. Obeliskin lakikiven yksikkösivuna on hypotenuusa, kun taas keskuskuvion sivupoikkileikkauksen yksikkösivuna on leveyskateetti. Näin Suuren pyramidin sivupoikkileikkauksen geometria voidaan löytää sekä patsaan sydämestä että sen lakikivestä.

Patsaan geometria tuottaa x-akselin yläpuolisen osan korkeudeksi $\sqrt{20}$, mikä on siis yhtä kuin $\sqrt{5}$ + $\sqrt{5}$. Täsmälleen puolessavälissä eli patsaan x-akselin yläpuolisen osan korkeudella $\sqrt{5}$ patsaan leveys on täsmälleen φ (1,618). Mikään poikkiviiva tai piste ei erikseen määritä tätä matemaattisesti kiinnostavaa kohtaa. Jos siirrämme tarkastelumme kartalle, tämä piste sijaitsee lähellä Kuusamo–Pääjärvi–Louhi -janaa, joka leikkaa leveysasteen 66.139669°. Tällä leveysasteella maapallon ympärysmitta on täsmälleen φ x 10 000 = 16 180,339 kilometriä. Leveysasteen ympärysmitta voidaan johtaa ympyrän geometriaa ja trigonometriaa soveltaen maapallon ympärysmitasta seuraavasti:

Cos 66.139669 x 40 000 km = 16 180,34 km.

Näin ollen sekä patsaan leveys että maapallon ympärysmitta tuottavat suhdeluvun φ likiarvon maantieteellisesti likimain samalle alueelle.

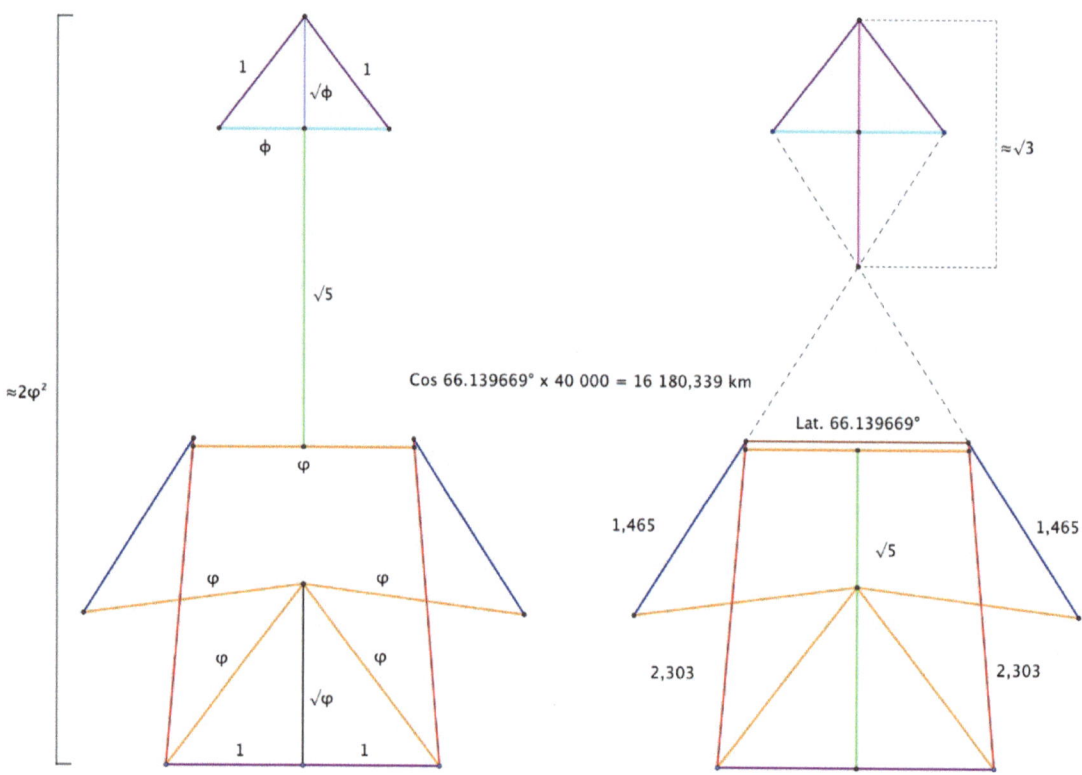

Muutamia huomioita Rajapatsaan x-akselin yläpuolisen osan geometrisistä piirteistä. Rajapatsaan perustana toimii Suuren pyramidin sivupoikkileikkaus, jonka yksikkösivuna on leveyskateetti. Näin patsaan leveys koordinaatiston x-akselin korkeudella (y=0) on 2. Patsas kaventuu tasaisesti ylöspäin siten, että kun y = √5 patsaan leveys on φ ja kun y = √20 leveys on 2φ. Korkeudella y = √20 patsaan geometria muodostaa luonnollisen tasanteen lakikivelle, johon sopii Suuren pyramidin sivupoikkileikkaus, kun yksikkösivuna on hypotenuusa ja kateetteina φ ja √φ. Patsaan yläosan korkeuden ja ylätasanteen välinen suhde: √20 / 2φ = √5φ. X-akselin yläpuolisen osan korkeudeksi lakikivi mukaan lukien tulee 2φ² noin 99,6 % tarkkuudella. Rajapatsaasta on myös johdettavissa luvun √3 likiarvo kuvan osoittamalla tavalla noin 99,98% tarkkuudella. Rajapatsaan x-akselin yläosan geometria ilmentää muun muassa kultaisen leikkauksen suhdelukuja φ, φ ja φ², neliöjuuria √5 ja √3 ja Suuren pyramidin leveyden ja korkeuden likiarvoja metreissä. Kun siirrämme tarkastelumme karttapallolle ja kerromme kyseiset suhdeluvut sadalla, saamme Rajapatsaan mitat suoraan kilometreissä. Esimerkiksi patsaan leveys korkeudella y = √5 on φ x 100 km eli 161,80339 kilometriä. Oikeanpuoleisessa

28

kuvassa ruskea poikkiviiva symboloi Kuusamo-Pääjärvi-Louhi janaa, joka leikkaa leveysasteen 66.139669. Tällä leveysasteella maapallon laskennallinen ympärysmitta on φ x 10 000 kilometriä: Cos 66.139669 x 40 000 km = 16 180,34 km.

Edellä määritellyn lakipisteen ohella Rajapatsaalle voidaan määrittää geometrisesti vielä kaksi muutakin lakipistettä. Ensimmäinen niistä syntyy piirrettäessä janat siivekkeiden kärkipisteistä rungon huippukulmien kautta janojen leikkauspisteeseen, joka sijoittuu koordinaatiston korkeudelle 6,603. Tämä kärkipiste on maantieteellisessä mielessä kiinnostava sillä se pysähtyy hyvin tarkasti 70 leveysasteelle.

Kolmas huippu löytyy, kun obeliskin rungon annetaan kaventua tasaisesti loppuun saakka. Tosin tällöin kyseessä ei ole enää obeliskin kärki, vaan pikemminkin tähden terävä sakara. Kaiken kaikkiaan keskuskuvion geometriasta on johdettavissa kahdeksan tällaista sakaraa, mikä tarkoittaa kahdeksansakaraista tähteä.

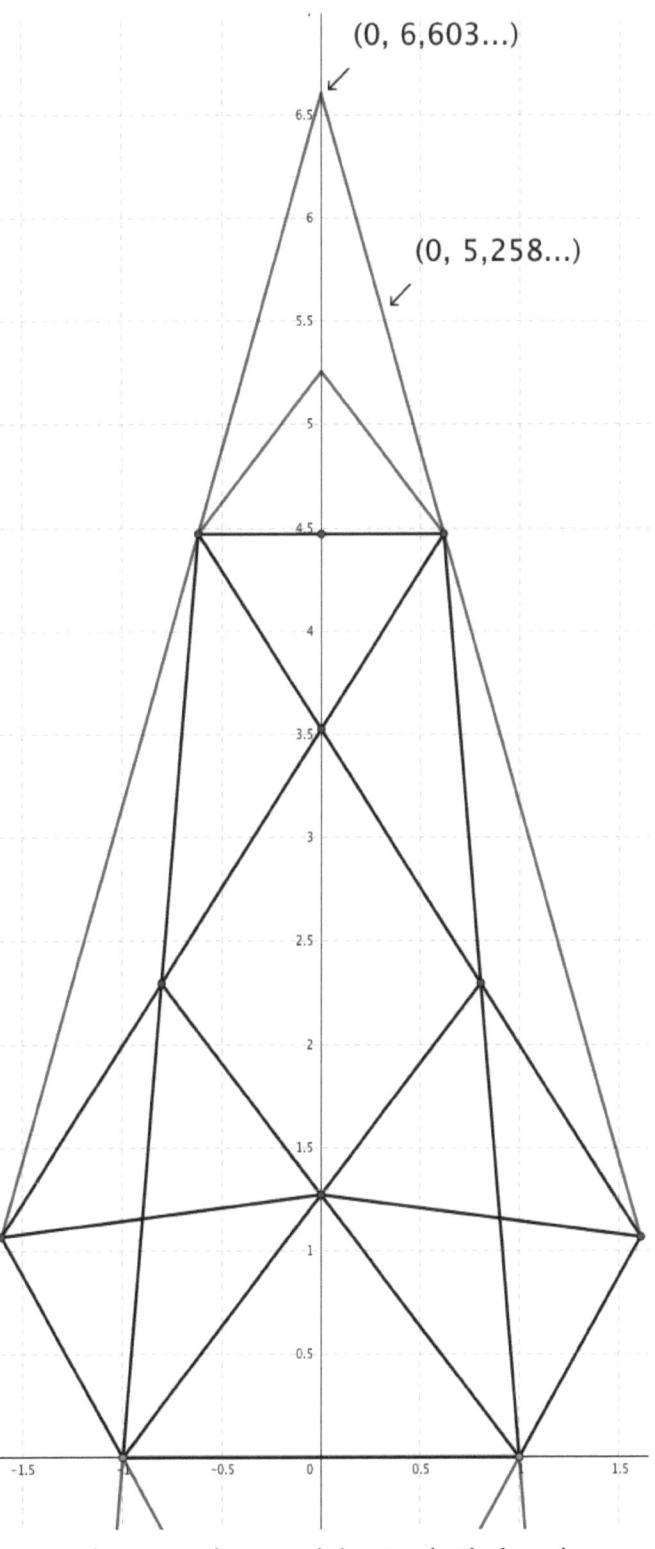

Myös tähden pohjoissakara on matemaattisgeometrisessa mielessä erittäin kaunis, kuten seuraavasta kuvasta käy ilmi.

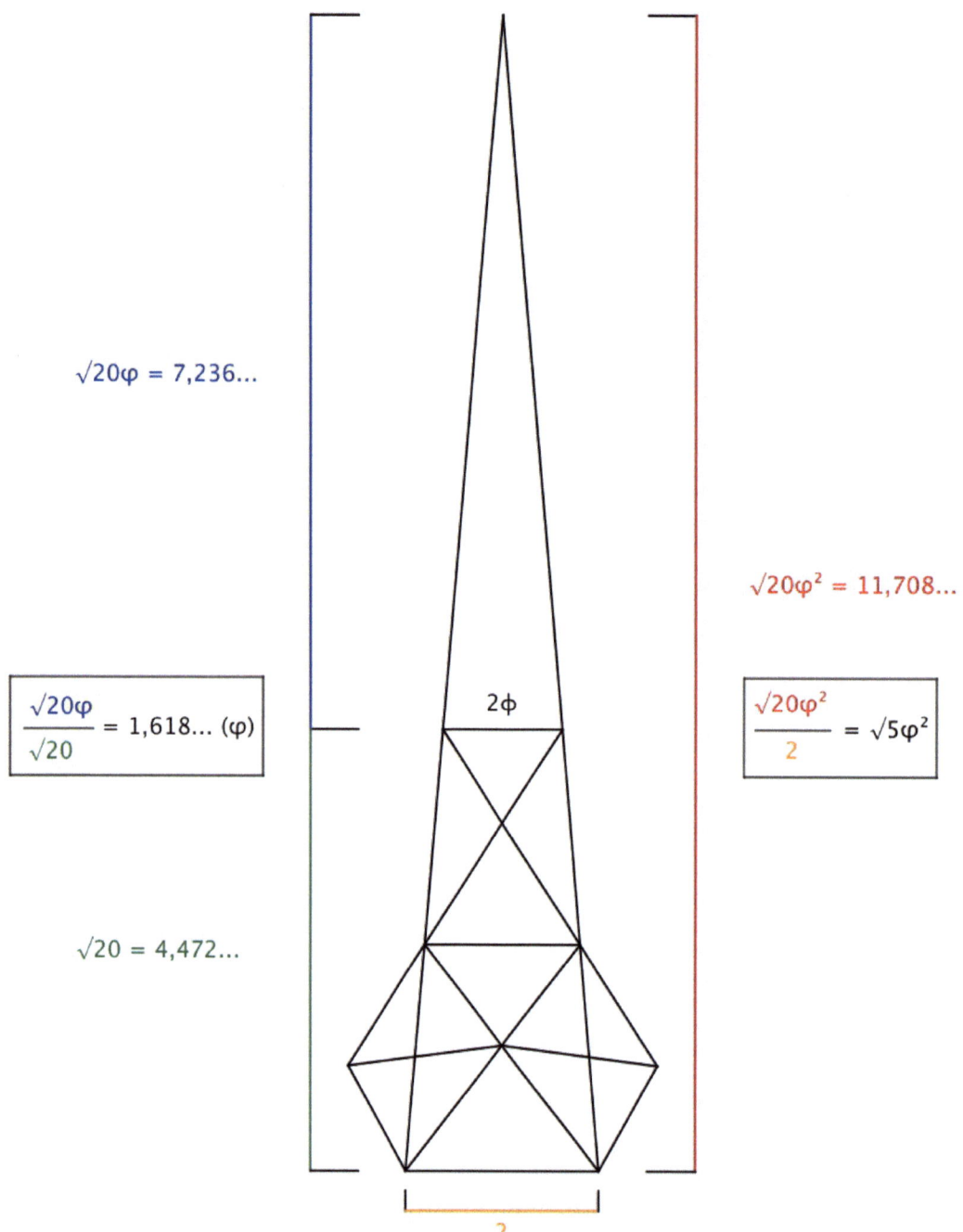

$\sqrt{20}\varphi = 7{,}236\ldots$

$\dfrac{\sqrt{20}\varphi}{\sqrt{20}} = 1{,}618\ldots\ (\varphi)$

2φ

$\sqrt{20}\varphi^2 = 11{,}708\ldots$

$\dfrac{\sqrt{20}\varphi^2}{2} = \sqrt{5}\varphi^2$

$\sqrt{20} = 4{,}472\ldots$

2

Kuvassa keskuskuviosta johdettu tähden pohjoissakara. Sen mittasuhteet ilmentävät samaa kultaisen leikkauksen geometriaa ja samoja suhdelukuja, jotka tulivat meille tutuiksi jo Egyptin todellisten pyramidien tutkimuksesta.

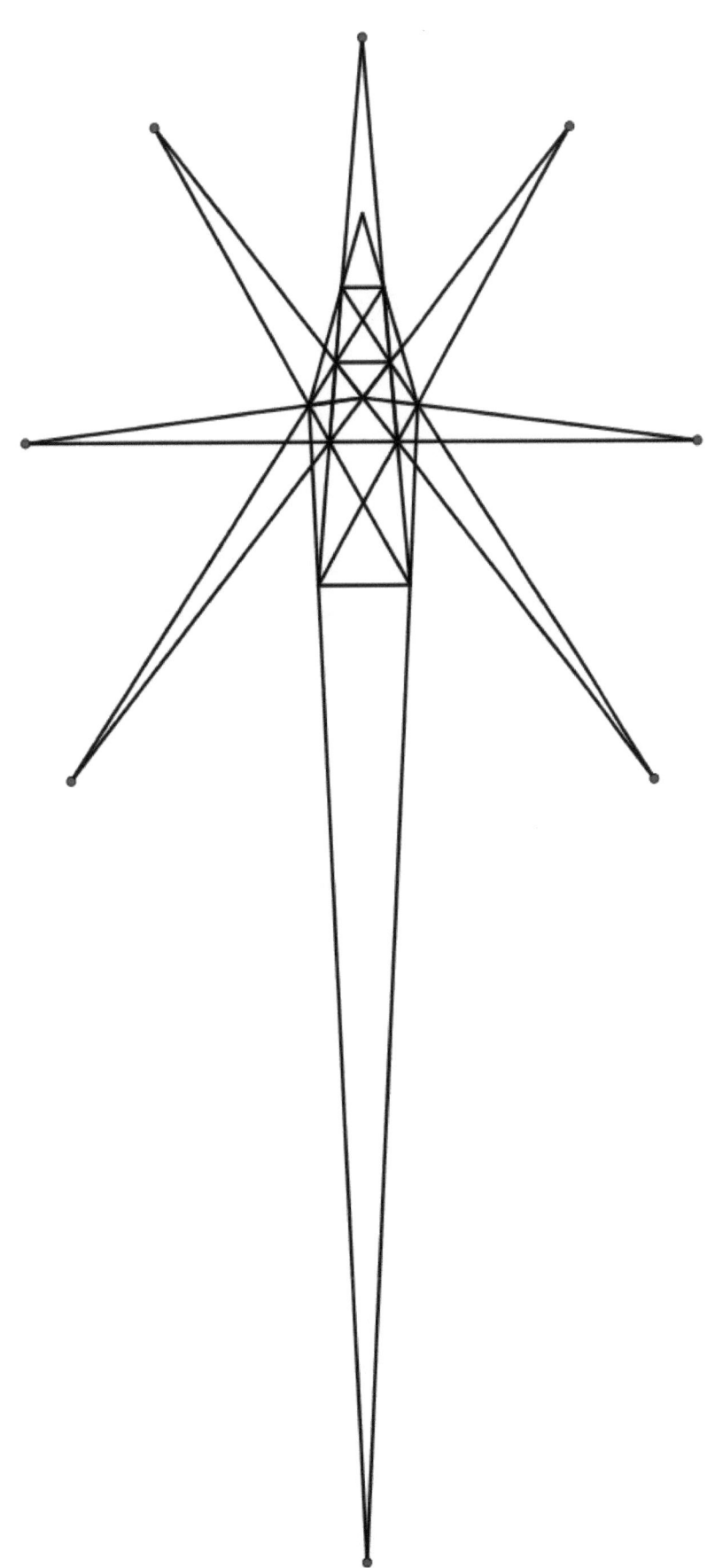

Keskuskuvion geometriasta on johdettavissa kahdeksansakarainen tähti.

31

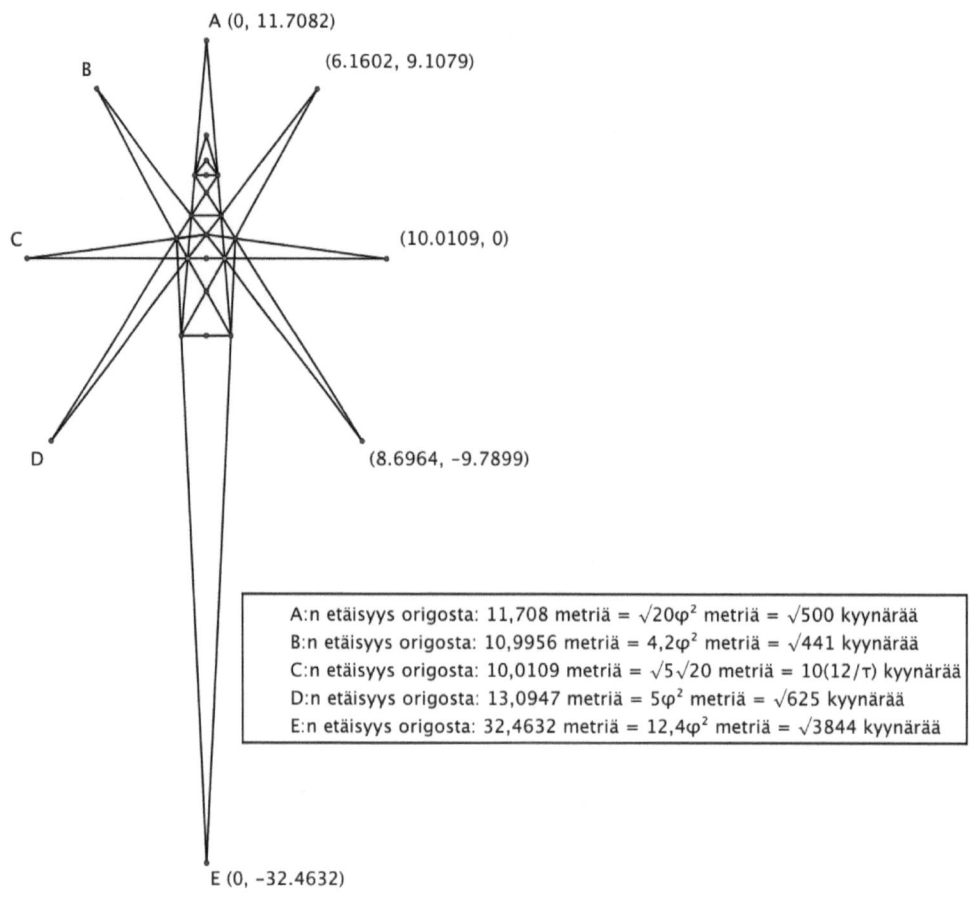

A (0, 11.7082)

(6.1602, 9.1079)

B

(10.0109, 0)

C

(8.6964, -9.7899)

D

A:n etäisyys origosta: 11,708 metriä = √20φ² metriä = √500 kyynärää
B:n etäisyys origosta: 10,9956 metriä = 4,2φ² metriä = √441 kyynärää
C:n etäisyys origosta: 10,0109 metriä = √5√20 metriä = 10(12/τ) kyynärää
D:n etäisyys origosta: 13,0947 metriä = 5φ² metriä = √625 kyynärää
E:n etäisyys origosta: 32,4632 metriä = 12,4φ² metriä = √3844 kyynärää

E (0, -32.4632)

Kuvassa tähden sakaroiden kärkipisteiden koordinaatit. Taulukossa sakaroiden ääripisteistä mitattu likiarvoinen matka koordinaatiston nollapisteeseen (Origoon) sekä metreissä että muinaisegyptiläisissä kyynärissä ilmaistuna.

Kiinnostavana yksityiskohtana mainittakoon, että keskikesän keskipäivän aurinko paistaa patsaan perustan leveysasteella (Laatokka) noin 53,1° kulmassa ja huipun leveysasteella (Ruija) likimain 43,3° kulmassa horisontin yläpuolella. Likipitäen samat kulman suuruudet löytyvät myös Egyptin 2. pyramidin sivu- ja kulmapoikkileikkauksista.

101. Rajapatsaan koordinaatit kartalla

Keskuskuvion koordinaatit:

Kalevala: (65.224673°, 31.173731°)
Kantele: (64.069202°, 29.124625°)
Kemi: (65.003106°, 34.578374°)
Kuusamo: (66.131853°, 29.394049°)
Louhi: (66.131853°, 32.953413°)
Origo: (64.083700°, 31.173731°)
Pääjärvi: (66.141972°, 31.173731°)
Rukajärvi: (64.069202°, 33.222837°)
Väinölä: (65.003106°, 27.769088°)

Keskuskuvion pohjoispuolen koordinaatit:

Elgoras: (68.095100°, 31.173731°)
Imandra: (68.088089°, 32.657309°)
Korvatunturi: (68.088089°, 29.690153°)
Lapinraja: (67.246199°, 31.173731°)
Ruija: (70.004943°, 31.173731°)
Tuuloma: (68.800417°, 31.173731°)

Keskuskuvion eteläpuolen koordinaatit:

Laatokka: (60.353380°, 31.173731°)
Rajajärvi: (62.500188°, 31.173731°)
Suomenlahti: (60.330024°, 28.720290°)
Syväri: (60.330024°, 33.627172°)

Tähden sakaroiden koordinaatit:

Eteläsakara: (34.894468°, 31.173731°)
Itäsakara: (62.670932°, 51.025439°)
Kaakkoissakara: (54.482088°, 44.596661°)
Koillissakara: (71.467604°, 48.719803°)
Lounaissakara: (54.482088°, 17.750801°)
Luoteissakara: (71.467604°, 13.627659°)
Länsisakara: (62.670932°, 11.322023°)
Pohjoissakara: (74.579542°, 31.173731°)

Seuraavilla sivuilla kuvia Rajapatsaan keskuskuviosta ja sen muodostamasta geometriasta maailmankartalla ja tähtikartalla. (Kuvakaappaukset: GeoGebra & Google Earth).

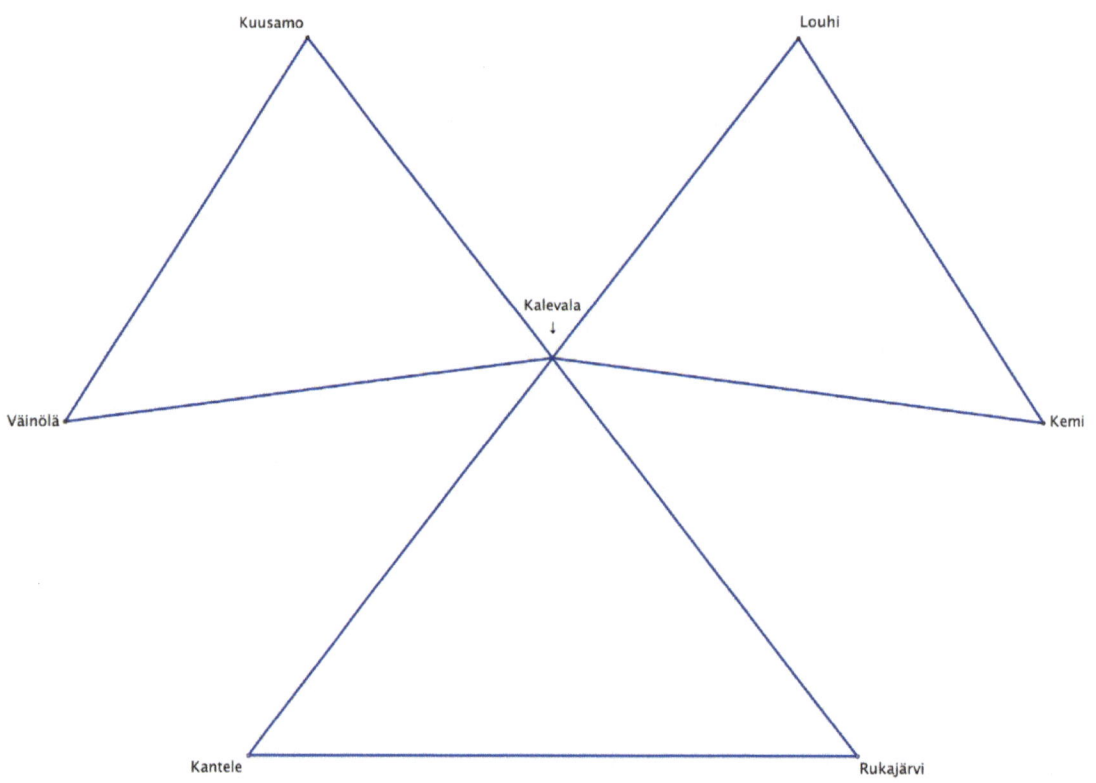

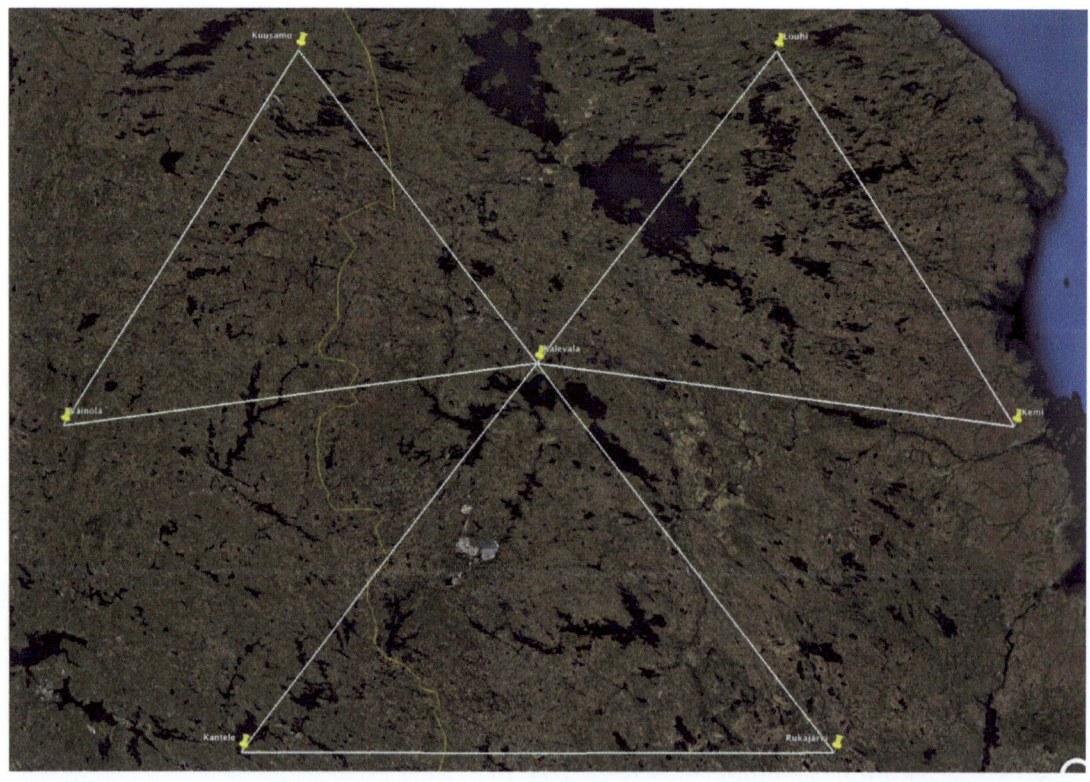

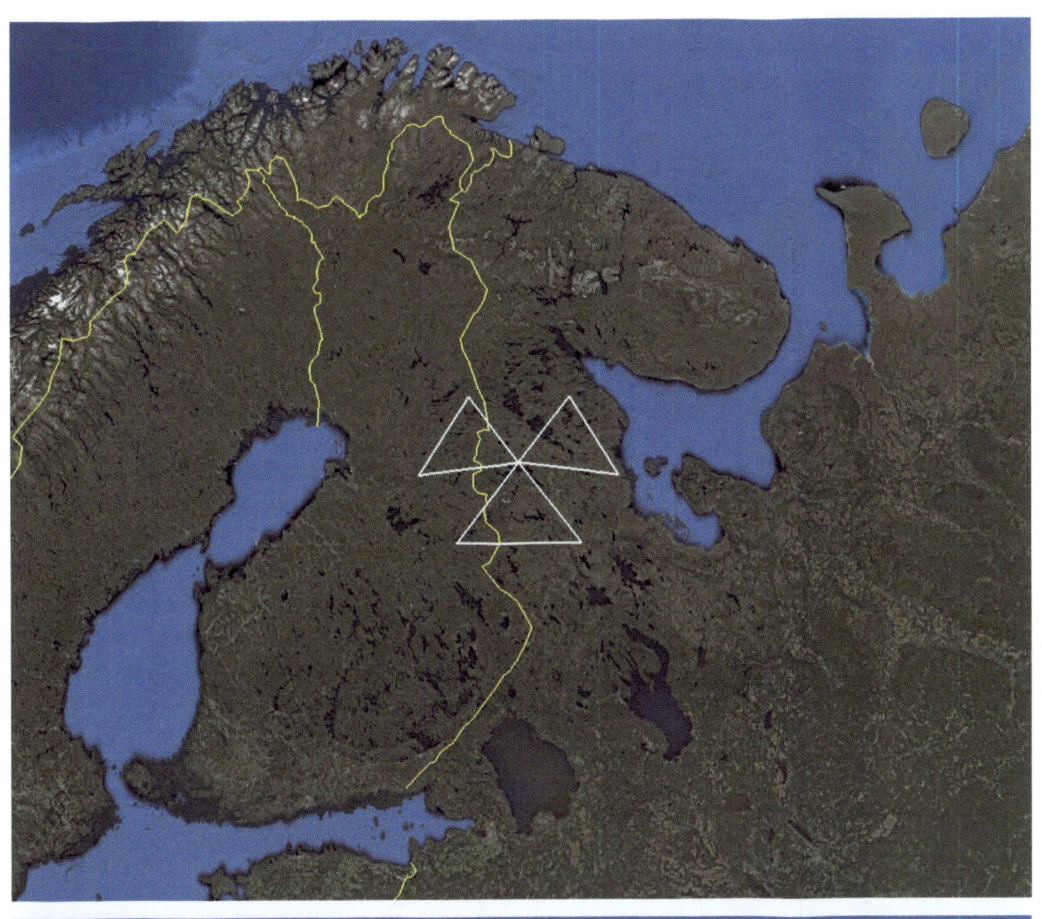

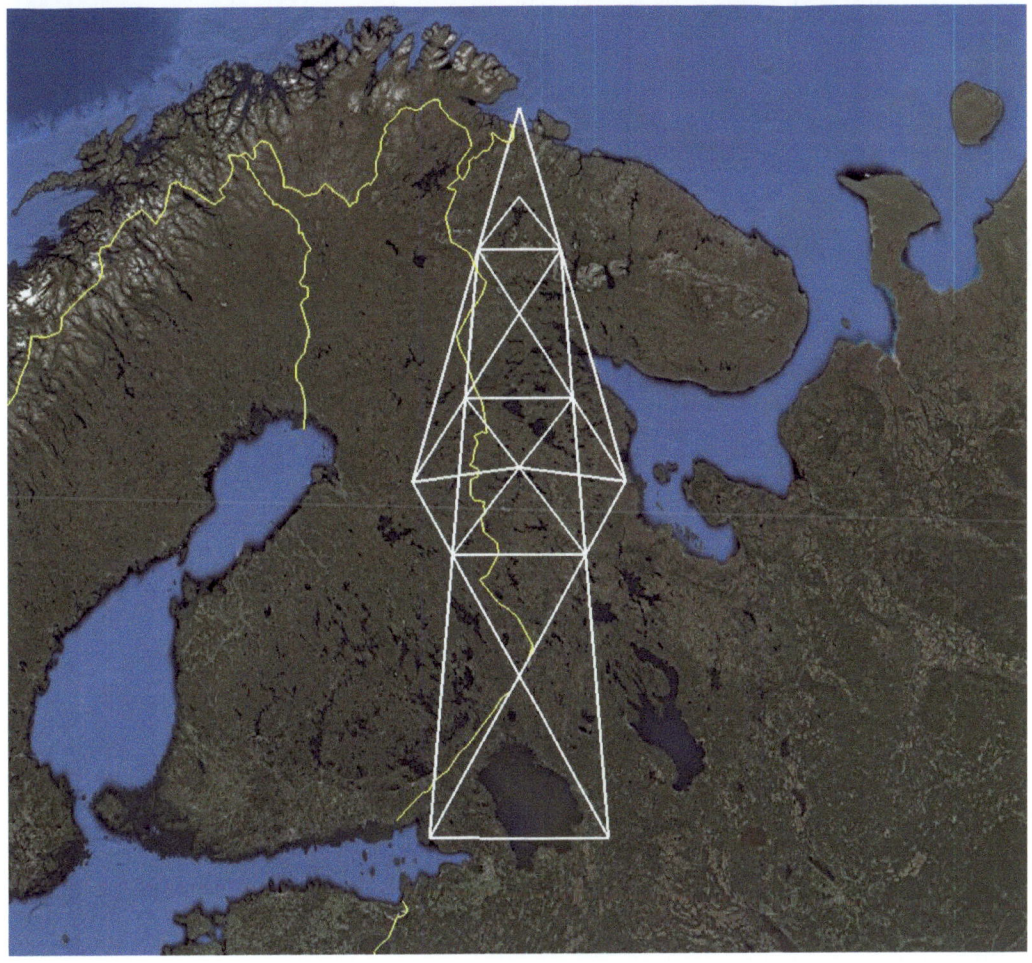

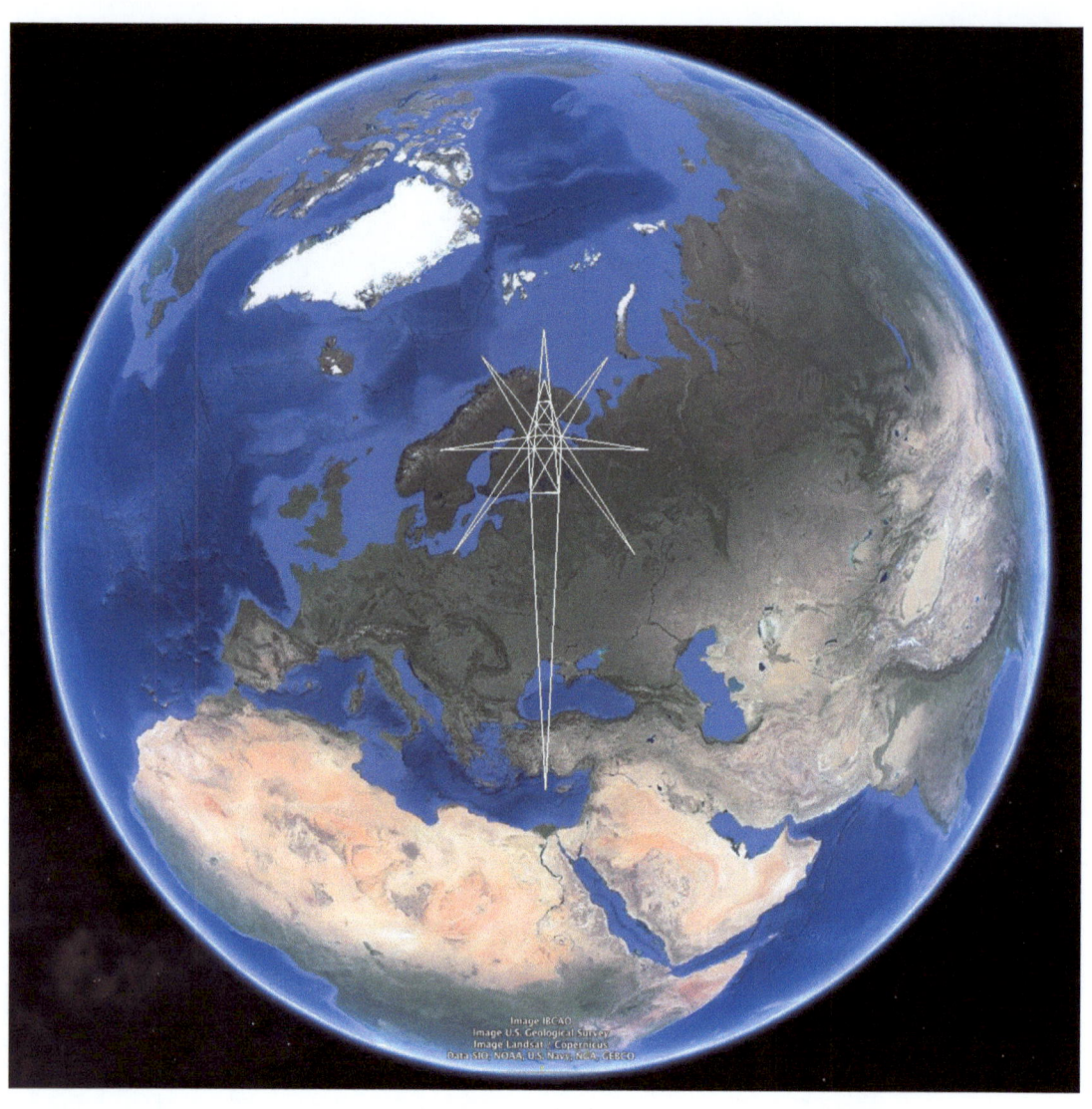

Kahdeksansakarainen tähti karttapallolla.

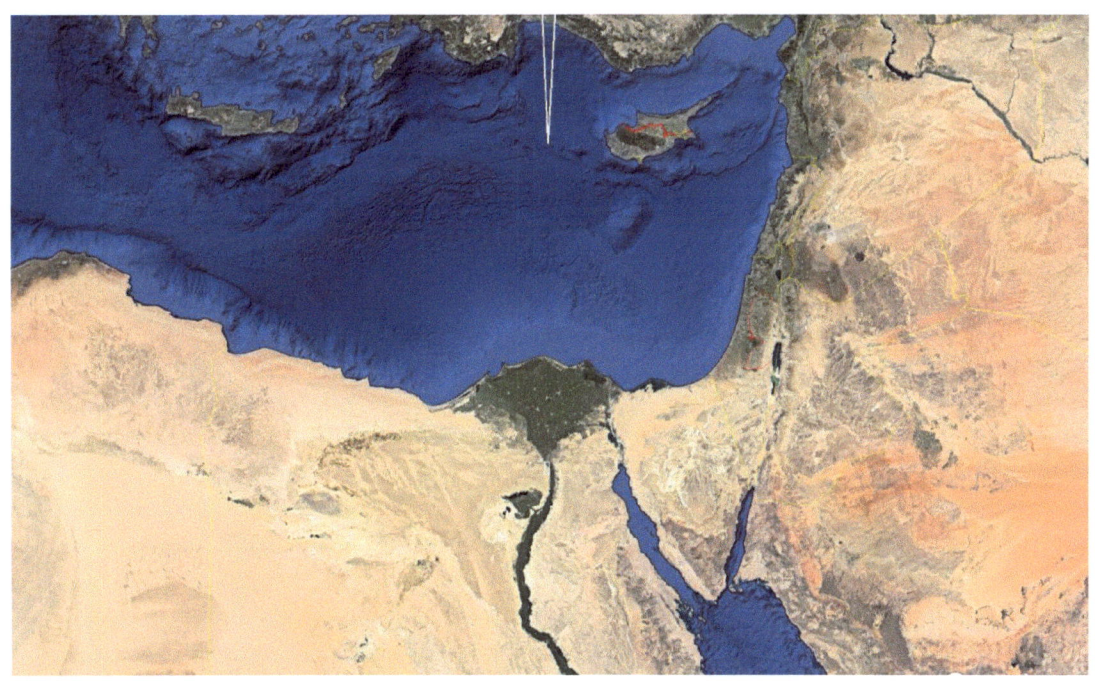

Tähden eteläsakara osoittaa kohti Suurta pohjapiirrosta

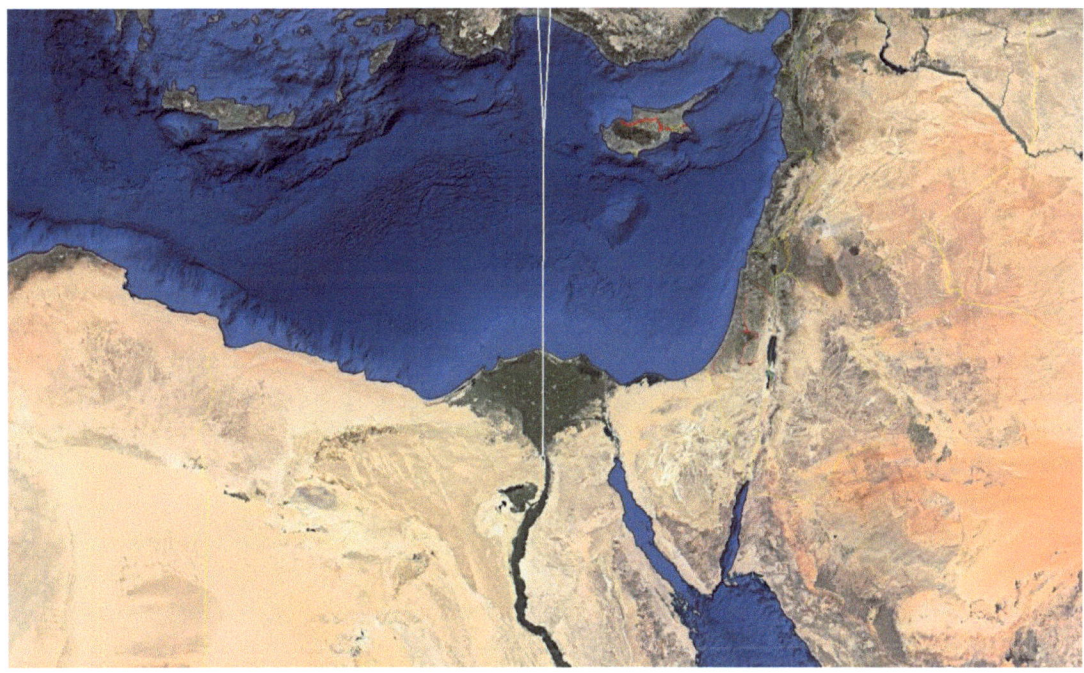

Rajapatsaan / tähden keskikohdan pituuspiiri 31.173731 piirrettynä näkyviin

37

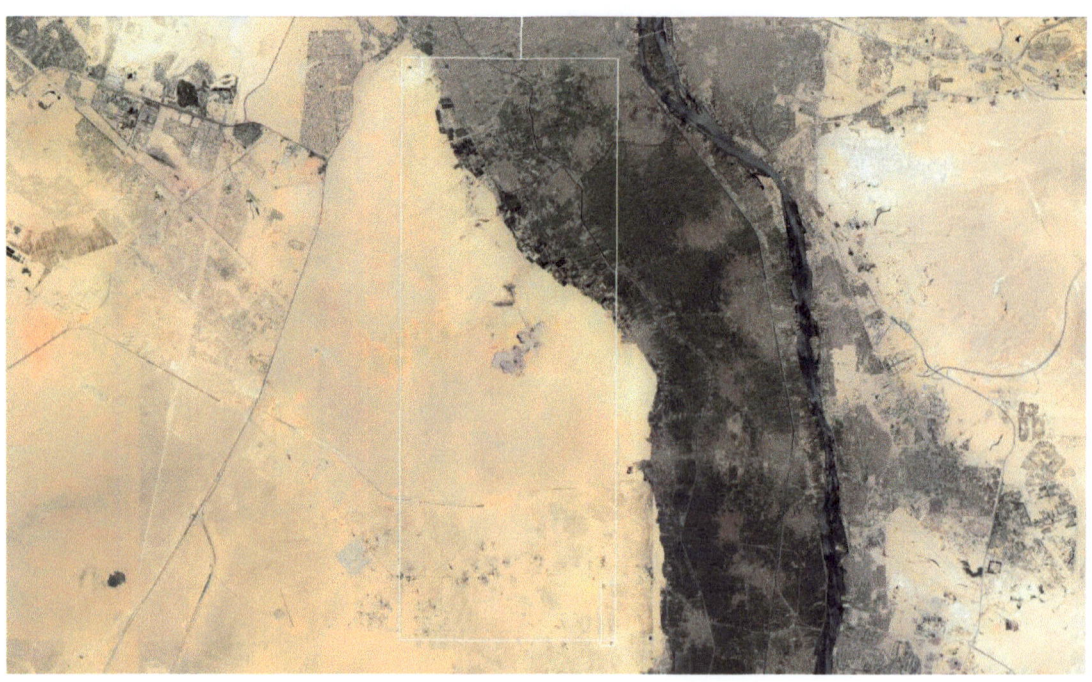

Pituuspiiri 31.173731 leikkaa Suuren pohjapiirroksen 8 000 metriä leveän itälänsi-suuntaisen sivun jakaen sen osiin suhteessa: 4 440 metriä ja 3 560.

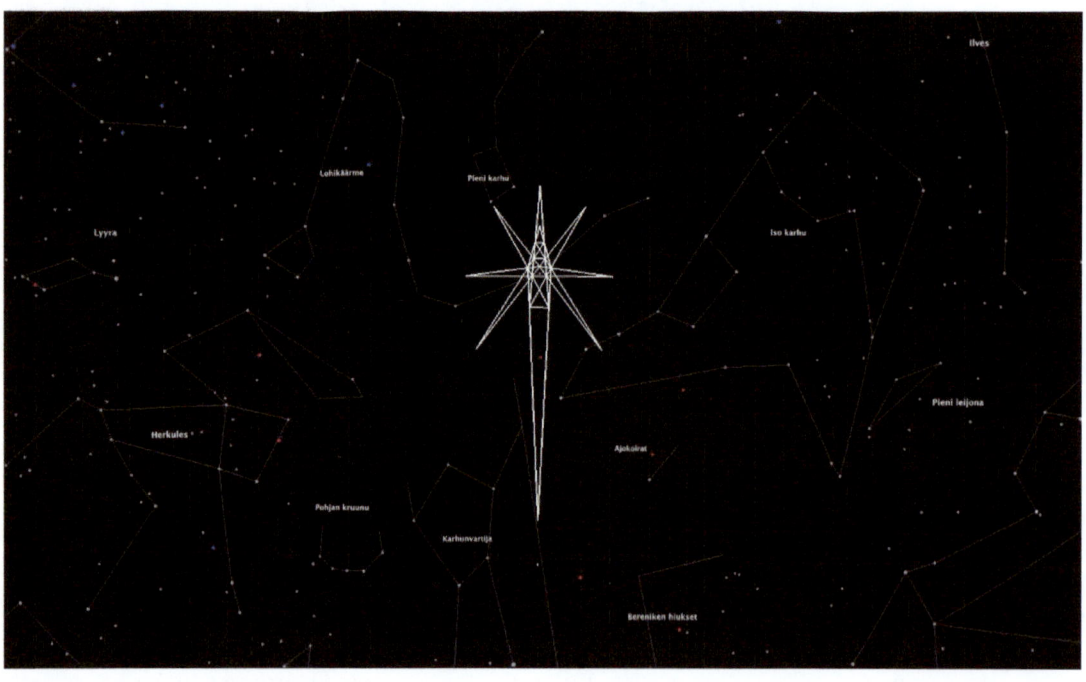

Tähtitaivaalla tähti sijaitsee Ison karhun ja Pienen karhun tähdistöjen välissä.

Lohikäärmeen tähtikuvio kulkee läpi patsaan keskuskuvion ja sen tähti Thuban sijaitsee keskuskuvion alueella.

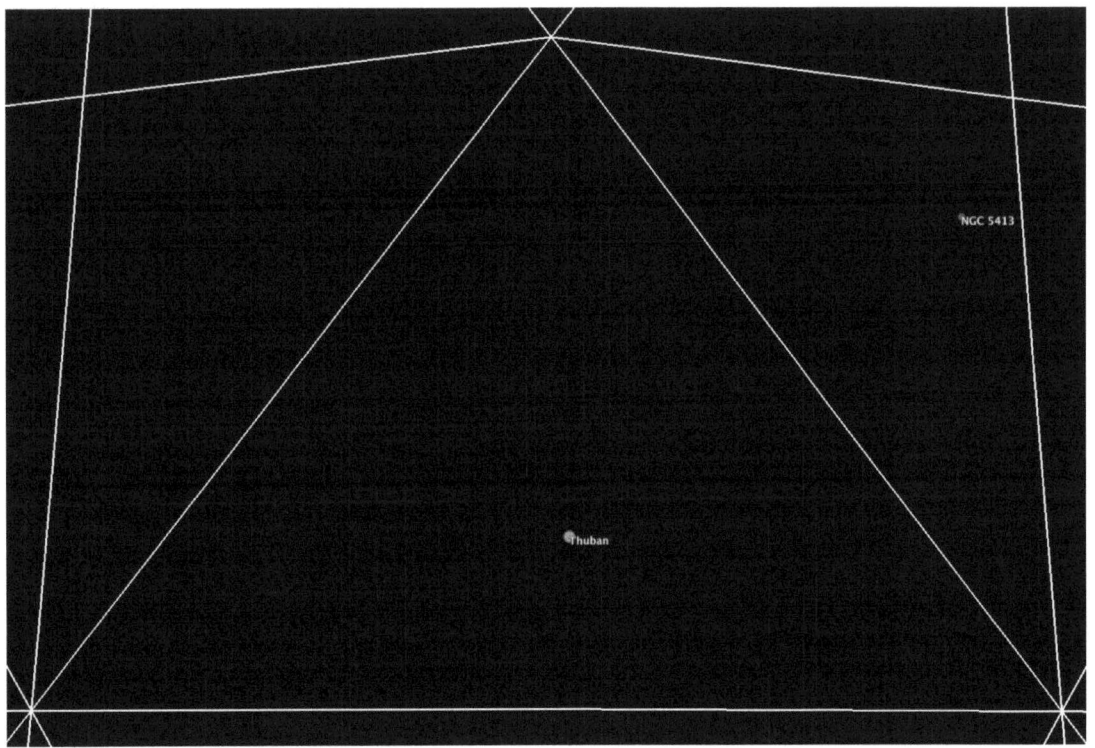

Lohikäärmeen tähdistön Thuban sijaitsee Suuren pyramidin sivupoikkileikkauksen keskellä.

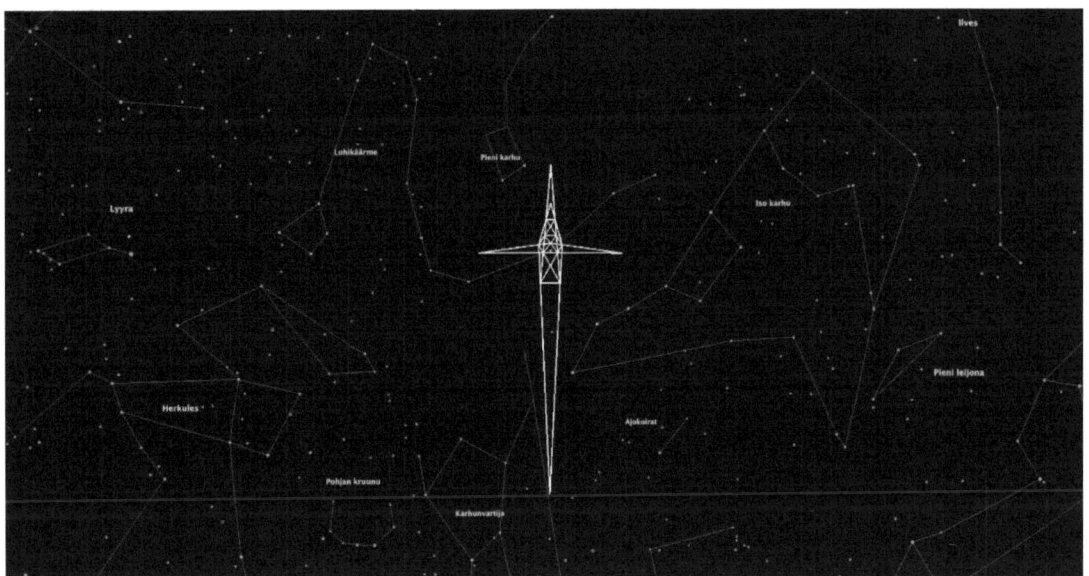

Mikäli piirrämme näkyviin vain tähden neljä pääsakaraa, muistuttaa kuvion muoto tällöin miekkaa: sen terää, väistimiä ja ruotoa. Miekan voi ajatella lävistävän Lohikäärmeen tähtikuvion. Eläinradalla tähti sijoittuu tähtikuvioiden Vaaka ja Neitsyt rajalle. Aivan kuvan alareunassa Karhunvartijan sauvan vieressä on pieni vaalea piste, johon tähden eteläsakara osoittaa. Tuo piste, joka näyttää aivan yksittäiseltä tähdeltä, on Egyptin Suuri pohjapiirros tähtitaivaalle tuotuna.

Kuvaliitteet

Muutama kirjan kuva suurennettuna:

Sivu 42: Rajapatsaan keskuskuvion johtaminen.
Sivu 43: Rajapatsaan x-akselin yläpuolisen osan geometria.

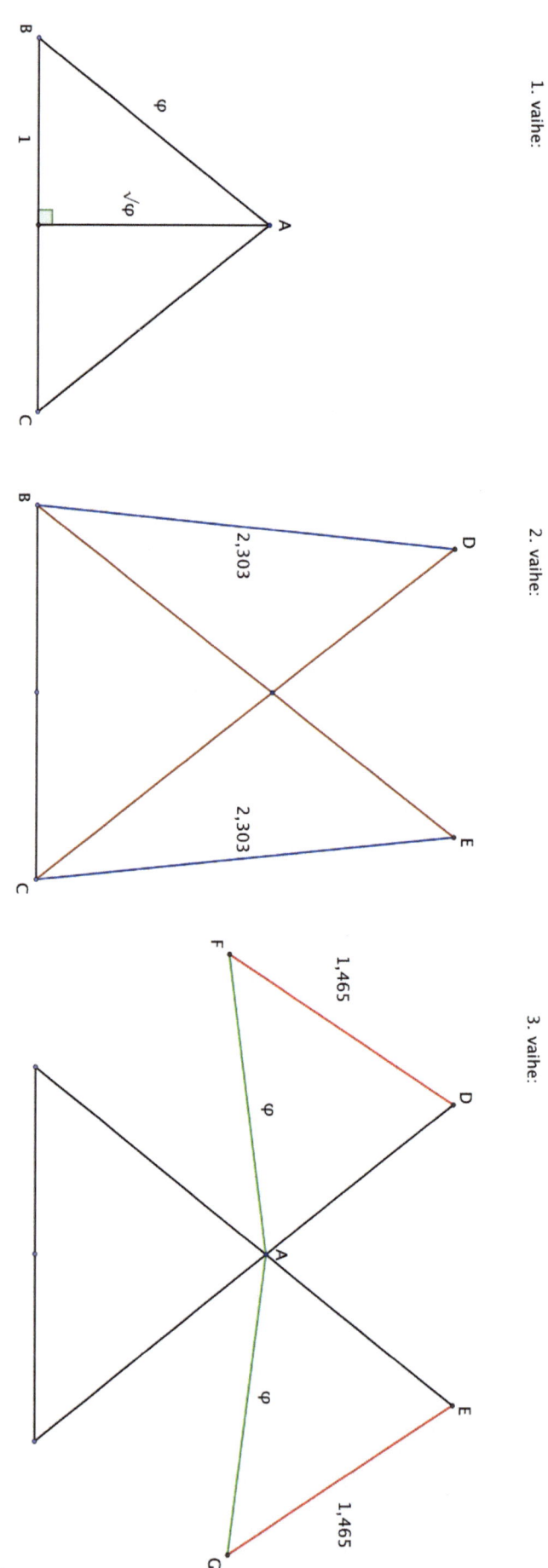

1. vaihe:

2. vaihe:

3. vaihe:

42

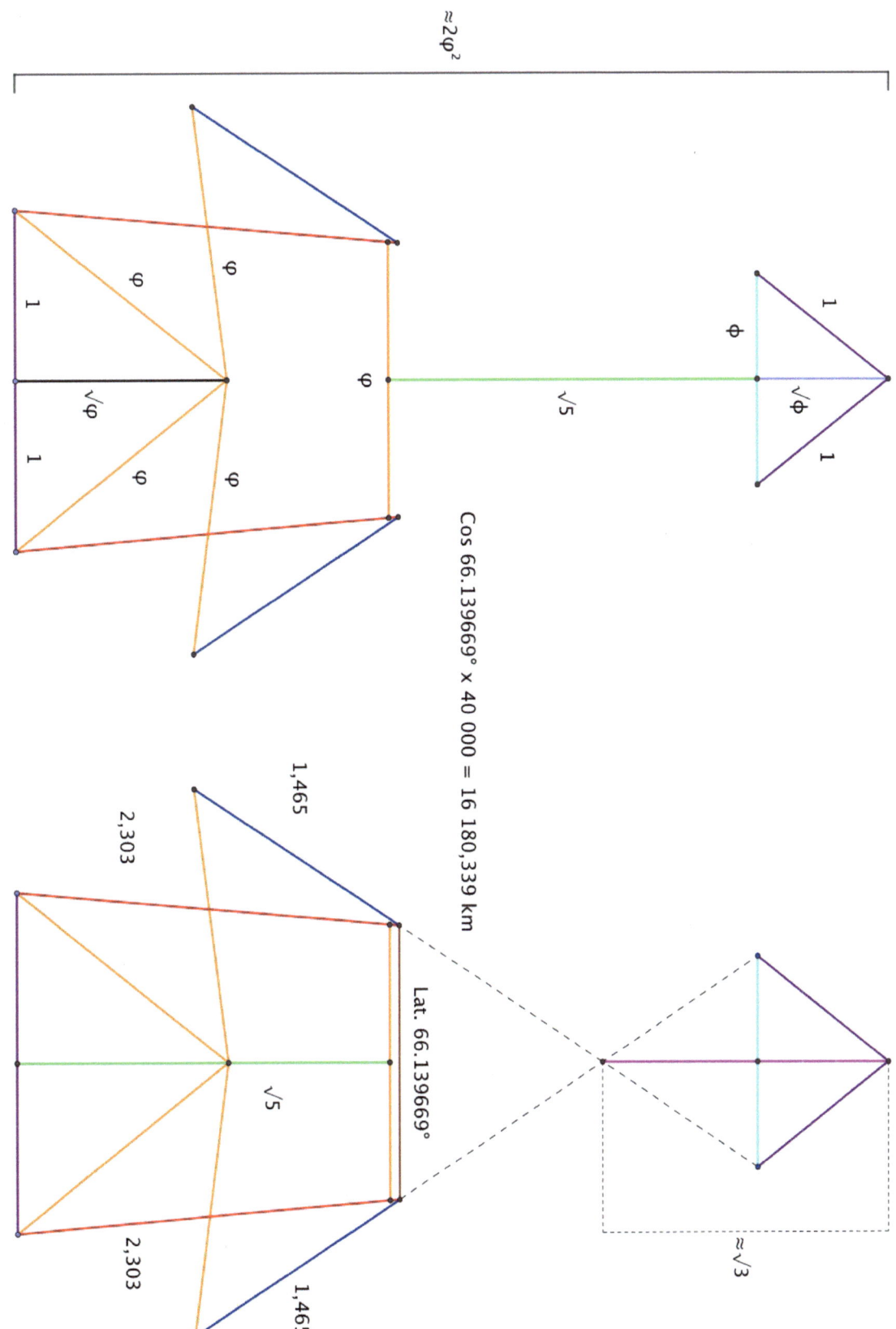

Cos 66.139669° x 40 000 = 16 180,339 km